HEILENDE GESCHICHTEN

Heilende Geschichten

Ausgewählt und vorgestellt von
Stanislaus Klemm

echter

Die Deutsche Bibliothek – CIP-Einheitsaufnahme

Heilende Geschichten: ausgewählt und vorgestellt von Stanislaus Klemm. – Würzburg : Echter, 1996
ISBN 3-429-01755-6
NE: Klemm, Stanislaus

Umschlag: Ernst Loew (Foto: Oscar Poss)
Gesamtherstellung: Echter Würzburg,
Fränkische Gesellschaftsdruckerei und Verlag GmbH
ISBN 3-429-01755-6

Inhalt

Einführung

»Unser Leben geht vorüber wie die Spur einer Wolke und löst sich auf wie ein Nebel, der von den Strahlen der Sonne verscheucht und von ihrer Wärme zu Boden gedrückt wird« (Weish 2, 4).

Man könnte ganze Bibliotheken füllen mit all den Büchern, Zeitschriften, Tonbändern, Filmen, die gescheit, gelehrt und klug oder auch nur langatmig und weitschweifig darüber nachdenken, was die Vergänglichkeit des Lebens ausmacht. Unser Kopf würde uns schmerzen, nähmen wir nur einen winzigen Bruchteil dieser gesammelten Gedankenarbeit in uns auf. Nachher wären wir so klug »als wie zuvor« und hätten nach wenigen Minuten längst vergessen, was die Vergänglichkeit des Lebens mit uns persönlich zu tun hat. Und dann gibt es so einen kleinen Satz, wie er oben zitiert wird: »Unser Leben geht vorüber wie die Spur einer Wolke ...« Ein kleiner Satz, randvoll mit gesammelten Erlebnissen, voller Gefühle und Stimmungen, so bildhaft und erlebnisnah, daß jeder, der diesen Satz liest und in sich aufnimmt, seine eigene Vergänglichkeit erlebt und spürt. Eine Erfahrung, die wir häufig machen. Das Kleine transportiert das Große, das Leichte kann sehr schwer wiegen, das Heitere ungeheure Tragik hervorrufen. Eine kleine, lustige Geschichte vermag einen hartgesottenen Menschen zum Weinen zu bringen. Eine unglaublich wirkende Anekdote kann einen verzweifelnden Menschen wieder glauben lassen, eine märchenhafte Erzählung die sogenannte harte Realität aufbrechen und völlig verändern.

Am Anfang dieses Buches steht eine solche einprägsame Erfahrung. Der Autor arbeitet in der Krisenberatungsstelle einer Telefonseelsorge. Eines Tages kam eine Frau zu mir. Irgendwie kam jedoch kein Gespräch zustande. Ihr Blick wanderte nervös an den Wänden meines Beratungszimmers umher, bis er an einem großen Bild hängenblieb, das eine Tropfsteinhöhle darstellte. Mit einem Anflug von Neugierde in ihren Augen machte sie die Bemerkung: »Daß die Natur solch herrliche Gebilde schaffen kann! Es ist fast unglaublich!« Da ich selbst seit vielen Jahren ein Stein- und Mineraliensammler bin und mich somit gerne mit gesteinskundlichen Vorgängen befasse, konnte ich ihr spontan zustimmen und erzählte ihr wie beiläufig, meinen Blick nur auf das Bild gerichtet, in kurzen Worten etwas über die Entstehungsgeschichte solcher Tropfsteinhöhlen: wie unterirdische Flüsse in endlosen Zeiträumen riesige Grabungs- und Aushöhlungsarbeiten geleistet und im Berg ein Labyrinth an Höhlen, Gängen, Spalten, Schächten und manchmal sogar regelrechte Hallen ausgewaschen haben. Wie danach das säurehaltige Regenwasser durch das darüberliegende Kalkgestein sickerte, wie es winzige Teilchen dieses Minerals auflöste und mittransportierte, bis in diese vorher geschaffenen Höhlen hinein, und dort an der Höhlenwand oder auf dem Höhlenboden Tropfen für Tropfen durch Verdunstungsrückstände diese gigantische Steinlandschaft entstehen ließ. Zuerst mußte die Natur Platz schaffen, sie mußte eine große Leere entstehen lassen, in die hinein sie mit unglaublicher Schöpfungskraft und mit noch unglaublicherer Geduld diese Wunderwelt an steingewordener Phantasie entstehen ließ. So ist die Natur – auf die Leere folgt meistens die Fülle.

Erst nach diesem letzten Satz wandte ich meinen Blick wieder auf meine Besucherin und merkte, wie sie heftig weinte. Nach einer gewissen Zeit bekam ihr wie versteinert wirkendes Gesicht eine warme Lebendigkeit, und wie nach einem heftigen Krampf sagte sie mir mit einer erstaunlichen Festigkeit in der Stimme: »Entschuldigen Sie meinen Gefühlsausbruch, aber das, was Sie da gerade erzählt haben, das ist genau meine Lebenssituation. Ich bin völlig ausgelaugt, leer, am Ende, und die Vorstellung, daß in diesem schwarzen Nichts meines Lebens wieder etwas

Schönes, irgend etwas Neues entstehen könnte, hat mich richtig überwältigt. Ich spüre ein ganz klein wenig Hoffnung.«

Lange noch habe ich über diese Begegnung nachgedacht. Sie motivierte mich, intensiver nach weiteren Geschichten dieser Art zu suchen, nach Geschichten, die in der Lage sind, auf menschliche Probleme und Fragestellungen, wie sie sich im Alltag stellen, symbolhaft eine helfende oder heilende Antwort zu geben. Man könnte dies auch den »therapeutischen« Aspekt nennen, wenn man allerdings Therapie nicht in der Einengung eines ärztlichen und psychotherapeutischen Fachbegriffs verstehen will. Geschichten können vervollständigen, ergänzen, versöhnen, wiederherstellen, sie können starre Denkstrukturen aufbrechen, neue, ungewohnte Wege vorschlagen, sie können unseren bisherigen Lebenskurs korrigieren, das heißt: heilen.

Unsere Welt ist sehr kompliziert. Daher wundert es auch nicht, daß wir Menschen von Natur aus auf diese Schwierigkeit vorbereitet, dafür ausgerüstet sind. In uns wohnt die Fähigkeit, zu vereinfachen. Wir schaffen uns die Welt so, wie wir sie verstehen und wie wir am besten mit ihr umgehen können. Diesem Bedürfnis nach ökonomischer Handhabung der Wirklichkeit kommen die nachfolgenden Geschichten entgegen. Sie versuchen nicht, ein Problem langschweifig zu analysieren, sondern bringen es auf den Punkt, von dem aus wir die Schwere eines Problems aushebeln können. Die Geschichten vereinfachen, aber nicht, um zu verdrängen oder zu vertuschen, sondern um wesentliche Strukturen unseres Alltagslebens wie in einem Brennpunkt zu bündeln. Sie werfen ein neues Licht darauf, bieten einen geeigneten Standpunkt an, von dem aus wir ein Problem besser betrachten und lösen können.

Wenn wir von anderen Menschen Botschaften empfangen, so geschieht dies oft sehr direkt, unvermittelt, undiplomatisch und manchmal beinahe militärisch: Mach sofort dies, mach gleich jenes, du mußt dies, du mußt das ... usw. Mag sein, daß die eine oder die andere Botschaft, der eine oder andere Wunsch oder sogar Befehl für uns im Moment wirklich gut oder richtig ist, gut gemeint ist und auch hilft. Dennoch spüren wir in uns einen Widerstand gegen diese Art und Weise der Kommunikation. Die vorliegenden Geschichten gehen von dieser Erfahrung aus und verzichten auf jede direkte Aufforderung, auf moralische Appelle und unvermittelte Befehle. Sie möchten uns auf eine andere Art motivieren, ermutigen und überzeugen: auf eine stille Weise, indirekt, diplomatisch, einfühlend. Der oder die Angesprochene hat die Freiheit, sich das eine oder andere aus der Geschichte herauszuholen oder einfach zu sagen: Das hat nichts mit mir persönlich zu tun. Die Geschichten möchten also, was ihre befreiende, heilende, aufrüttelnde und motivierende Botschaft angeht, entschlüsselt, entziffert, erschlossen werden. Das setzt einerseits eine gewisse Hör- und Leselust voraus, kommt andererseits aber auch unserem Bedürfnis entgegen, neugierig zu suchen, zu fragen, uns überraschen zu lassen. Der Schlüssel dafür liegt in uns selber. Unsere persönliche Lebenssituation, unsere eigene Fragestellung, unser Problem halten wir gewissermaßen wie einen Schlüssel in der Hand, der sein dazugehöriges Schloß sucht, und wenn es dann gefunden ist, dann werden wir nicht das Gefühl haben, überrumpelt worden zu sein, sondern etwas entdeckt zu haben, dem nachzugehen sich lohnte.

Geschichten zu lauschen, die auf phantasievolle Weise an die Dinge herangehen, ist sehr entspannend. Die Lösungen, die die Geschichten anbieten, sind oft so erfrischend anders als die, die uns geläufig sind. Dies kann dazu ermutigen, selbst einmal die Dinge unseres Alltags auf den Kopf zu stellen – damit sie wieder ins Lot kommen.

Das Buch ist so aufgebaut, daß verschiedenen Themen oder Lebensfragen je drei Geschichten zugeordnet sind. Am Anfang jedes Kapitels und jeder einzelnen Geschichte

stehen einige Hinweise, die in wenigen, sparsamen Worten gleichsam den Hörraum vorbereiten, in den hinein die Botschaft der Geschichten eintreffen kann. Diese Verstehenshilfe kann natürlich nur eine von vielen Möglichkeiten sein, die Geschichte für sich selbst zu entschlüsseln, sie so zu deuten, daß sie eine hilfreiche und heilende Botschaft einschließt. Wer sich in einer offenen, suchenden Haltung einer Geschichte anvertraut, der wird wie von selbst von ihr so geleitet werden, daß »seine« Botschaft ihn erreicht.
»Eines Tages kam ich aus der Schule, als ein durchgegangenes Pferd mit schleifendem Zügel an uns vorbei- und in einen Bauernhof hineingaloppierte. Es suchte Wasser zum Trinken und schwitzte stark. Der Bauer kannte es nicht, deshalb trieben wir es in eine Ecke. Ich schwang mich auf seinen Rücken. Da es noch aufgezäumt war, nahm ich die Zügel und rief: Hüh! Dann ritt ich zur Straße. Ich wußte, das Pferd würde die richtige Richtung einschlagen; ich wußte ja nicht, was die richtige Richtung war. Das Pferd trottete die Straße entlang. Dann und wann vergaß es, daß es auf der Straße war und wollte ins Feld laufen. Also zog ich am Zügel und machte es so darauf aufmerksam, daß es auf der Straße zu bleiben hätte. Etwa vier Meilen von dem Ort entfernt, wo ich aufgesessen war, lief es in einen Bauernhof, und der Bauer sagte: Aha, so kommt der Kerl also zurück. Wo hast du ihn gefunden? Ich sagte: Etwa vier Meilen von hier. Woher wußtest du, daß er hierher gehört, fragte der Bauer. Ich sagte: Ich wußte es nicht, das Pferd wußte es. Ich habe einfach nur seine Aufmerksamkeit auf die Straße gelenkt.«
In ähnlicher Weise wird jeder, der sich so wie dieser Junge auf seine Geschichte »schwingt«, auch von ihr geleitet werden. Entsprechend wollen auch die Hinweise am Anfang jedes Kapitels und jeder Geschichte nur dazu dienen, daß die Botschaft einer Geschichte auf der »Straße« bleibt und sich nicht ins »weite Feld« verläuft.
Kaiser, Könige und Feldherren pflegten vor grauer Zeit

den Überbringer schlechter Botschaften einen Kopf kürzer zu machen. Der arme Bote stand dabei stellvertretend für die schlechte Nachricht, die man nicht hören und die man sich »vom Hals schaffen« wollte. Für manchen Leser und manche Leserin wird die eine oder andere Geschichte vielleicht auch so eine schmerzliche Botschaft vermitteln, manche werden durch deren unbequeme Wahrheit auch im Moment »kopflos« werden, wenn der Finger so richtig auf der Wunde liegt, aber am Ende wird es immer eine gute Botschaft sein, die uns erfrischen und heilen kann.

Ich teile mich mit

Der Mund ist der Eingang aller Krankheiten
und der Ausgang aller Heilung.
(Chinesisches Sprichwort)

* Die lebenswichtige Bedeutung des sprachlichen Austauschs wurde in einem mittelalterlichen Experiment auf eine grausame Weise bestätigt. Um herauszufinden, welche »Muttersprache« der Mensch von Natur aus beherrsche, ging man daran, einigen Säuglingen zwar die »bestmögliche« Pflege angedeihen zu lassen, aber unter einer Bedingung: Keine der Pflegepersonen durfte mit den Babys auch nur ein einziges Wörtchen sprechen. Mit der Zeit begannen diese seelisch wie körperlich zu verkümmern, sie siechten dahin und starben.

* Worte sind für uns Menschen wie Adern, wie Nervenfasern, die zwischen uns Lebenswichtiges transportieren.

* Neben uns gibt es Menschen, die seelisch verhungern, weil wir kein Wort mehr mit ihnen wechseln, weil wir ihnen nicht mehr mitteilen, welche Bedeutung sie für uns haben.

* Andere ersticken an ihren Worten, die sie nicht mehr loswerden, weil ihnen keiner zuhört, weil keiner ihr »Brot« essen will, das sie gerne teilen möchten.

* In erschreckend inflationärer Weise produzieren wir täglich leere Floskeln, Wort- und Bildhülsen. Wir reden viel, sagen aber wenig.

* Ohne zu fragen, wie es dem anderen geht, tappen viele Lebenspartner nebeneinander im dunkeln, sie ergehen sich in Vermutungen und Verdächtigungen.

* Oft werden Botschaften in einer Weise mitgeteilt, daß der andere sie nicht mehr verstehen oder annehmen kann. Die Worte sind gespickt mit Unterstellungen, Vorwürfen, Beschuldigungen und Anklagen. Wir teilen uns nicht mehr mit, sondern teilen nur noch aus.
* Manchmal tauschen wir nur noch Inhalte aus, dürre Fakten, aber nicht mehr die damit verbundenen Gefühle. Dies führt leicht zu Mißverständnissen und Unsicherheiten.
* Der sprachliche und nichtsprachliche Austausch sollte wie das Gefälle eines Flusses sein, ein stetig dahinfließender Austausch all dessen, was wir für unser Zusammenleben brauchen: mitteilen, vermitteln, fragen, trösten, schlichten …
* »Bisweilen sind Worte wie eine Herberge, in der man rasten kann.« *(A. Kner)*

»Hast du auch …?«

Es gibt Situationen und Erfahrungen, die uns so traurig machen und so depressiv, daß es uns buchstäblich die Sprache verschlägt. Wir denken immer: Warum gerade ich? Das stumm in sich geschluckte Leid macht uns müde und schwach, wir können kaum noch wahrnehmen, wer neben uns lebt. Und dennoch gibt es sie, die Menschen, die Ähnliches durchleben wie wir, die uns nicht nur gut verstehen, sondern mit uns zusammen nach Lösungen suchen können.

Ein orientalischer Kaufmann besaß einen Papagei. Eines Tages stieß der Vogel eine Ölflasche um. Der Kaufmann geriet in Zorn und schlug den Papagei mit einem Prügel auf den Hinterkopf. Seit dieser Zeit konnte der Papagei, der sich vorher sehr intelligent gezeigt hatte, nicht mehr sprechen. Er verlor die Federn auf dem Schädel und wurde bald ein Kahlkopf.

Eines Tages, als er auf dem Regal im Geschäft seines Herrn saß, betrat ein glatzköpfiger Kunde den Laden. Sein Anblick versetzte den Papagei in höchste Erregung. Flügelschlagend sprang er umher, krächzte und fand schließlich zur Überraschung aller seine Sprache wieder: »Hast du auch die Ölflasche heruntergeworfen und einen Schlag auf den Hinterkopf bekommen, so daß du nun keine Haare mehr hast?«

»Schlaf doch bitte!«

Ruhe und Stille sind die Voraussetzung dafür, sich erholen und erfrischend schlafen zu können. Gelegentlich müssen wir aber zuerst brüllen und schreien, um diese Ruhe und diese notwendige Stille herzustellen. Jeder Versuch, uns vorschnell zu trösten und zu beruhigen, wühlt uns nur noch mehr auf. Bevor wir dann den Mut verlieren, sollten wir lieber die Geduld verlieren und unser erlittenes Unrecht nach draußen schreien.

»Schlaf doch bitte, morgen ist auch ein Tag Gottes«, stöhnte eine Frau, nachdem sich ihr Mann hundertmal im Bett sorgenvoll von einer Seite auf die andere geworfen hatte, »wenn du so unruhig bist, kann ich auch nicht schlafen.«

»Ach Frau«, jammerte der Ehemann: »Wenn du meine Sorgen hättest. Vor Monaten habe ich einen Wechsel unterschrieben, und morgen ist der Wechsel fällig. Ich Ärmster! Du weißt, daß ich keinen Tuman Geld im Hause habe, und du weißt auch, daß unser Nachbar, dem ich das Geld schulde, giftiger sein kann als ein Skorpion, wenn es um

sein Geld geht, ich Ärmster, wie könnte ich denn schlafen.« Daraufhin warf er sich wieder zehnmal von einer Seite auf die andere. Alle Versuche seiner Frau, ihn zu beruhigen und ihm den Sand des Schlafes in die Augen zu streuen, schlugen fehl. Sie versuchte ihn zu trösten: »Warte bis morgen, dann werden die Dinge ganz anders aussehen, und vielleicht finden wir doch einen Weg, das Geld zu zahlen.« »Nichts, aber auch gar nichts nützt«, stöhnte der Mann, »alles ist verloren.«
Da verlor die Frau die Geduld. Sie ging auf den Dachgarten und schrie zu dem Nachbarn hinüber: »Ihr wißt, mein Mann schuldet euch einen Wechsel, der morgen fällig ist. Ich will euch etwas sagen, was ihr noch nicht wißt. Mein Mann kann morgen den Wechsel nicht bezahlen.« Ohne eine Antwort abzuwarten, rannte die Frau ins Schlafgemach und sagte: »Wenn ich nicht schlafen kann, soll mein Nachbar auch nicht schlafen.« Trotzig legte sie sich ins Bett, während der Mann das Leinentuch bis hoch über die Ohren gezogen hatte und ängstlich mit den Zähnen klapperte. Bald darauf war Ruhe eingetreten, und nichts mehr war zu hören als der gleichmäßige Atem der Eheleute.

»Ich dachte mir immer …«

Bei näherem Hinsehen erweisen sich die dicksten Probleme oft wie »kleine Brötchen«. »Es hätte alles nicht so sein müssen, so weit hätte es nicht kommen sollen!« Anstatt sich von einem Menschen zu trennen, mit dem wir nicht klarkommen, sollten wir uns lieber von einigen Vorstellungen trennen, die wir von ihm haben. Wir denken, daß der andere so und so ist, haben es aber kaum überprüft, ob dies auch stimmt. Wir denken, daß der andere denkt … Der andere denkt, daß wir denken … Darüber sprechen ist hilfreicher.

Ein älteres Ehepaar feierte nach langen Ehejahren das Fest der goldenen Hochzeit. Beim gemeinsamen Frühstück dachte die Frau: Seit fünfzig Jahren habe ich immer auf meinen Mann Rücksicht genommen und ihm immer das knusprige Oberteil des Brötchens gegeben. Heute will ich mir endlich diese Delikatesse gönnen. Sie schmierte sich das Oberteil des Brötchens und gab das andere Teil ihrem Mann. Entgegen ihrer Erwartung war dieser hocherfreut, küßte ihre Hand und sagte: »Mein Liebling, du bereitest mir die größte Freude des Tages. Über fünfzig Jahre habe ich das Brötchen-Unterteil nicht mehr gegessen, das ich vom Brötchen am allerliebsten mag. Ich dachte mir immer, du solltest es haben, weil es dir so gut schmeckt.«

Ich vertraue

In jedem Menschen ist etwas Kostbares,
das in keinem anderen ist.
(Martin Buber)

✳ Wenn zwischen Menschen das Vertrauen verlorengegangen ist, ist nicht irgend etwas zerstört, sondern alles. Das Vertrauen ist die Grundfeste, das Fundament menschlicher Beziehungen.

✳ Die vertrauensvolle Beziehung des Kindes zu Vater und Mutter legt den Grundstein für das Leben, schafft das, was wir das Urvertrauen nennen: ein Gefühl von Schutz, Geborgenheit und Verläßlichkeit. Viele Menschen, die in ihrem Leben mit sich selbst und mit anderen Schwierigkeiten haben, vermissen gerade dieses stabile menschliche Grundgefühl, das ihnen ihre Eltern nicht oder nur schwach vermitteln konnten.

✳ Damit Vertrauen entstehen kann, muß ich im Verhalten der anderen eine gewisse Regelmäßigkeit erfahren. Fürsorge und die Einhaltung von Zusagen dürfen nicht dem Zufall und der Laune unterworfen sein. Nur so wird eine Haltung der Offenheit dem Leben und den Mitmenschen gegenüber entstehen können.

✳ Böse Erfahrungen, die geprägt sind durch Vertrauensbruch oder -mißbrauch können ein ganzes Menschenleben beeinflussen und prägen. »Ein gebranntes Kind scheut das Feuer«, selbst wenn das Feuer nur »wärmen« möchte.

✳ Vertrauen hat viel mit Zu-trauen zu tun. Jeder, der mir etwas zu-traut, läßt mich ein gutes Stück an meine Fähigkeiten glauben, eine Grundvoraussetzung für erfolgreiches Handeln und die Entwicklung des Selbstvertrauens. Andere glauben an mich. Das hilft mir, daß ich selbst an mich glaube.

* Auch das »letztliche« Vertrauen darauf, daß wir in der Hand eines Schöpfers oder einer »letzten Kraft« geborgen sind, wächst nur durch die Erfahrung, Menschen vertrauen zu können.

»Nicht mehr als nichts«

Probleme bauen sich manchmal vor uns auf, als wären sie riesige Berge, die wir nie erklimmen können. »Wie kann ich allein dagegen ankommen?« »Was kann ich allein schon ausrichten?« denken wir. Unsere Kraft kommt uns eher vor wie der »Tropfen auf dem heißen Stein«. Mutlos möchten wir aufgeben. Es fehlt uns an dem notwendigen Selbstvertrauen, einen Schritt, »unseren«, »meinen« Schritt zu tun.

»Sag mir, was wiegt eine Schneeflocke?« fragte die Tannenmeise die Wildtaube. »Nicht mehr als nichts«, gab diese zur Antwort. »Dann muß ich dir eine wunderbare Geschichte erzählen«, sagte die Meise.
»Ich saß auf dem Ast einer Fichte, dicht am Stamm, als es zu schneien anfing; nicht etwa heftig im Sturmgebraus, nein, wie im Traum, lautlos und ohne Schwere. Da nichts Besseres zu tun war, zählte ich die Schneeflocken, die auf die Zweige und auf die Nadeln des Astes fielen und darauf hängenblieben. Genau dreimillionensiebenhunderteinundvierzigtausendneunhundertzweiundfünfzig waren es. Als die dreimillionensiebenhunderteinundvierzigtausendneunhundertdreiundfünfzigste Flocke niederfiel – nicht mehr als nichts – brach der Ast ab.«

»Er aber meisselte«

Alles hat sich gegen mich verschworen. Von überallher werde ich kritisiert. Nichts scheint mehr zu gelingen. Ich traue mir nichts mehr zu, verharre in dem Gefühl der Unsicherheit und des Selbstzweifels. Da begegnet mir ein Mensch, der dieses Muster durchbricht. Er glaubt an mich, traut mir etwas zu, ist von mir überzeugt. Was mir dann plötzlich gelingt, das hätte ich mir »selbst« nicht zugetraut.

Der Stadtrat in Florenz hatte einen großen Marmorblock bestellt und einen Bildhauer beauftragt, daraus eine Figur zu meißeln. Entweder war der Bildhauer kein sehr großer Bildhauer, oder der Stein war schlecht gebrochen – der Bildhauer wußte mit dem Block nichts anzufangen. Er sah keine Möglichkeit, aus diesem Marmor eine Figur herauszuholen. So lag der große Block herum. Die Versuche des hilflosen Bildhauers hatten ihm nicht gutgetan. Andere Bildhauer kamen, schauten und gingen wieder. Mit diesem Stein war nichts mehr anzufangen.

Eines Tages kam Michelangelo, der berühmte Maler und Bildhauer, in seine Vaterstadt. Ob ihm der Stein aufgefallen war oder ob man ihn darauf aufmerksam gemacht hatte – er begann sich mit ihm zu beschäftigen. Er schaute ihn an. Er schätzte seine Maße. Er maß ihn ab. Er überlegte. Immer deutlicher sah er vor sich, noch in Stein, die Figur, welche die Florentiner wünschten. Er sah den David, die Schleuder auf der Schulter, die Kieselsteine in der Hand, wie er gelassen und gelöst zum Kampf gegen Goliath ausschritt.

Die anderen sahen nur einen Steinblock, der unnötig und unbrauchbar im Weg lag. Michelangelo sah bereits den David. Er sah ihn in dem verpfuschten Marmor. Er nahm Hammer und Meißel und begann zu arbeiten. Die Neunmalklugen lachten. Wußten sie doch, daß aus diesem Block nichts mehr werden könne. Er aber meißelte. Während sie noch redeten, argumentierten und bewiesen, daß er, auch er, scheitern werde, wuchs unter seinen Händen eine der großen Plastiken der Welt.

»WARUM HAST DU GEZWEIFELT?«

Jemandem zu vertrauen erfordert manchmal viel Mut, die Bereitschaft, den ersten Schritt zu machen, die Kraft, gegen den Strom zu schwimmen, alte Erfahrungen zu korrigieren, ein Risiko einzugehen.

Gleich darauf forderte er (Jesus) die Jünger auf, ins Boot zu steigen und an das andere Ufer vorauszufahren. Inzwischen wollte er die Leute nach Hause schicken. Nachdem er sie weggeschickt hatte, stieg er auf einen Berg, um in der Einsamkeit zu beten. Spät am Abend war er immer noch allein auf dem Berg. Das Boot aber war schon viele Stadien vom Land entfernt und wurde von den Wellen hin und her geworfen; denn sie hatten Gegenwind. In der vierten Nachtwache kam Jesus zu ihnen; er ging auf dem See. Als ihn die Jünger über den See kommen sahen, erschraken sie, weil sie meinten, es sei ein Gespenst, und sie schrien vor Angst. Doch Jesus begann mit ihnen zu reden und sagte: Habt Vertrauen, ich bin es; fürchtet euch nicht! Darauf erwiderte ihm Petrus: Herr, wenn du es bist, so befiehl, daß ich auf dem Wasser zu dir komme. Jesus sagte: Komm! Da stieg Petrus aus dem Boot und ging über das Wasser auf Jesus zu. Als er aber sah, wie heftig der Wind war, bekam er Angst und begann unterzugehen. Er schrie: Herr, rette mich! Jesus streckte sofort die Hand aus, ergriff ihn und sagte zu ihm: Du Kleingläubiger, warum hast du gezweifelt? Und als sie ins Boot gestiegen waren, legte sich der Wind.

Ich sehe mich vor

Was auf den ersten Blick
wie Feigheit aussieht,
ist möglicherweise Klugheit.
(Deutsches Sprichwort)

* Dort, wo Vertrauen gebrochen wird, sammeln sich die Splitter des Mißtrauens. Man sagt, daß »Scherben Glück bringen«. Könnte also aus Mißtrauen wieder Vertrauen wachsen? Wenn das Mißtrauen eine gewisse Grenze nicht übersteigt, kann man die Frage bejahen. Ein maßvolles Mißtrauen, eines, das sich unserer Erfahrung bedient, kann uns in vielen Lebenssituationen schützen.

* Mißtrauen hat im allgemeinen einen abwertenden Beigeschmack. Ein Mißtrauen, das einer Situation angemessen ist, sollte man besser mit »Vorsicht« bezeichnen. Sie ist die Fähigkeit, die Wirklichkeit nach Vertrauenselementen gewissermaßen »abzuklopfen«. Diese Fähigkeit finden wir bereits in unserer biologischen Natur vor. Jede der vielen Milliarden Zellen unseres Körpers besitzt eine Zellwand, eine Haut, die sich öffnen und schließen läßt. Giftstoffe im Inneren einer Zelle dürfen die Zellwand verlassen, Giftstoffe von außen werden daran gehindert, in die Zelle einzudringen. Nur diejenige Zelle ist gesund, die zu unterscheiden vermag.

* Wer sich vor-sieht, sieht die Masken »vor« dem Gesicht eines Menschen. Ein vorsichtiger Mensch erkennt das Unmögliche hinter der Maske der Logik, erkennt die Unwahrheit hinter einem verführerischen Argument, die Drohung hinter manchem Lächeln.

* Unsere Vorsicht kann uns helfen, aus einem Schaden klug und aus einem Irrtum weise zu werden.

* Vorsicht läßt keine (aufdringliche) Vertrauensseligkeit zu. Wer »das Herz auf der Zunge trägt«, kehrt ohne Unterschied vor jedem, ob dieser das ertragen und vertragen kann oder nicht, ob dieser es will oder nicht, sein Innerstes nach außen.
* »Blindes Vertrauen« kann mich dem anderen völlig ausliefern. Ich gebe meine Verantwortung für mich an den anderen ab. Vorsicht verzichtet auf totale Geborgenheit um der eigenen Selbständigkeit willen.

»Einen Lockvogel dazugesetzt«

Wir stehen vor einer schweren Entscheidung. Es gibt stets zwei oder mehrere Möglichkeiten, in welche Richtung die Entscheidung gehen kann. Mißtrauen vor dem einfachsten, dem bequemsten Weg, ist in aller Regel angebracht.

Ein Vogelsteller hatte sein Netz geschickt aufgestellt und einen Lockvogel dazugesetzt, der vortrefflich singen konnte. Die Vögel in der Nachbarschaft hörten diesen Gesang, flogen herbei und sprachen: »Was hier für ein Überfluß von Speisen daliegt! Und wie freundlich uns unser Geselle, dem selbst so wohl ist, dazu einlädt! Wir wollen diese Gelegenheit nützen!« Kaum hatten sie zu fressen angefangen, so fiel das Garn, und sie verloren Freiheit und Leben.
Ein Vogel nur hatte sich entfernt gehalten, und der Lockvogel rief ihm zu: »Wer hat dich allein so klug gemacht, daß du nicht näher kommst?«
»Eine einfache Lehre meines Vaters! – Sohn, sagte er oft, wenn man dir einen Vorteil zeigt, gar zu groß und gar zu leicht zu erlangen, so hüte dich, denn meistens liegt Betrug im Hinterhalt.«

»Wer hat dir das beigebracht?«

Schlechte Erfahrungen sind der Stoff, aus dem unsere Vorsicht entsteht. Sie sind daher eine gute Lehrmeisterin. Es ist heilsam, sie bei allen Entscheidungen zugrunde zu legen.

Der Löwe, der Tiger, der Panther und der Schakal gingen auf die Jagd. Sie jagten lange und erbeuteten schließlich gemeinsam eine Gazelle, einen Eber und einen Hasen. Als die Jagd zu Ende war, sprach der Löwe zum Tiger: »Tiger, teile du die Beute!«

Der Tiger überlegte eine Weile und sagte dann: »Der Löwe bekommt die Gazelle, ich behalte den Eber, und der Schakal teilt sich mit dem Panther den Hasen!«

Als der Löwe das hörte, knurrte er ärgerlich und ging auf den Tiger los. Mit einem Schlag zerschmetterte er ihm das Bein und sagte dann: »Du kannst nicht teilen, Tiger. Schakal, nimm du die Teilung vor!«

Der Schakal nahm die Gazelle, legte sie vor den Löwen und sagte: »Das ist dein Frühstück, mächtiger Löwe!« Dann nahm er den Eber, legte ihn vor den Löwen und sagte: »Das ist dein Mittagessen, mächtiger Löwe. Wir hingegen werden uns mit dem Hasen begnügen!«

»Ausgezeichnet«, brummte der Löwe. »So eine Teilung gefällt mir. Sag mir, Schakal, wer hat dir das beigebracht?«

»Das zerschmetterte Bein des Tigers, mächtiger Löwe«, antwortete der Schakal.

»Gemeinsam durch die Schlucht«

Wenn wir einem Menschen mißtrauen, führt dies nicht zwangsläufig dazu, daß wir uns von ihm entfernen. Das eigene Mißtrauen offen anzusprechen, nicht als Vorwurf, sondern als Ausdruck meiner Angst, schafft eine Atmosphäre, in der neues Vertrauen entstehen kann.

Ein junger Mann und ein Mädchen liefen auf zwei verschiedenen Landwegen. In einem bestimmten Augenblick kamen die zwei Wege zusammen, und der Junge und das Mädchen liefen nun gemeinsam weiter. Der Junge trug einen Kupferkessel auf seinem Rücken. In der einen Hand hatte er ein lebendes Huhn und einen Stock, während er an der anderen eine Ziege führte. Nach einer Weile kamen sie an eine Bergschlucht. Da blieb das Mädchen stehen und sagte: »Durch diese Schlucht gehe ich nicht mit dir.«
»Warum nicht?« wollte der Junge wissen.
»Du könntest mich dort umarmen und küssen«, antwortete sie.
»Wie soll ich dich denn umarmen und küssen? Ich habe einen Kupferkessel auf dem Rücken, an der einen Hand habe ich eine Ziege und in der anderen Hand ein lebendes Huhn und einen Stock.«
Aber das Mädchen beharrte auf seiner Meinung: »Du könntest mich die Ziege halten lassen, danach den Stock in den Boden stecken, das Huhn auf den Boden setzen und den Kessel darüberstülpen, und dann könntest du mich umarmen und küssen.«
Lange starrte der Junge das schöne, nette Mädchen an. Endlich sagte er: »Allah segne deine Weisheit.«
Worauf sie gemeinsam durch die Schlucht gingen.

Ich wehre mich

Zerstört,
was euch zerstört!
(Sprichwort)

* Überall in der Natur stoßen wir auf das Phänomen der Abwehr. Zwei negativ geladene atomare Bausteine »wehren« sich, wenn man sie zu nahe aneinander bringt. Sie stoßen sich gegenseitig ab, halten sich auf Distanz. Ein Felsbrocken »wehrt« sich mit seinem ganzen Gewicht dagegen, daß man ihn verschiebt. Flüsse »wehren« sich, wenn man sie verengen oder verlegen will. Jede Pflanze und jedes Tier verfügen über eine Menge an Abwehrmaßnahmen gegen Bedrohung und Gefahr. Auch der Mensch steht seit seiner Geburt in einem Abwehrkampf gegen alles, was ihn einengen, verletzen oder auslöschen will.

* Abwehr hat nicht notwendigerweise mit Gewalt zu tun. Wer sich wehrt, zeigt deutlich seine Grenzen. Wer sich nicht wehrt (nicht sagt, wenn ihm jemand auf den Fuß tritt), erscheint dem Angreifer grenzenlos. Er gibt diesem das Gefühl, nichts Unrechtes zu tun.

* Wer sich wehrt, nimmt sein Leben ernst, er sorgt sich um sich und entwickelt somit ein Selbstwertgefühl.

* Wer sich wehrt, richtet seine Kräfte in die Richtung, aus der die Bedrohung kommt, nach außen. Werden diese Kräfte nicht freigesetzt, gehemmt oder sogar unterbunden, können sie auf Dauer zu negativen, selbstzerstörerischen Kräften werden. Schwere Schuldgefühle sind nicht selten verdrängte Abwehrkräfte, die sich nicht mehr gegen den Peiniger richten, sondern gegen den Gepeinigten, der sich selbst aufgegeben hat.

* »Wehret den Anfängen« – Der Zeitpunkt der Abwehr ist von großer Bedeutung. Schwillt eine Bedrohung zu sehr an, stößt sie nicht früh genug auf Gegenwehr, ist Abwehr oft nicht mehr möglich.

»Der König bewegte sich«

Die Abwehrkräfte zu stärken bedeutet, den Weg der Gesundung einzuschlagen. Wenn wir uns nicht mehr alles gefallen lassen, wenn wir uns aus der Lähmung befreien und in Bewegung kommen, ebnen wir den Weg für unsere Selbstheilungskräfte.

Eine schwere Krankheit hatte den König befallen. Alle Behandlungsversuche schlugen fehl. Der große und bekannte Arzt Rasi wurde schließlich zu Rate gezogen. Er versuchte zu Beginn alle überlieferten Behandlungsformen, doch ohne Erfolg. Schließlich bat Rasi den König, ihn die Behandlung so durchführen zu lassen, wie er es für richtig halte. Der König stimmte zu. Rasi bat den König, ihm zwei Pferde zur Verfügung zu stellen. Die schnellsten und besten Tasipferde wurden herbeigeschafft.
Am frühen Morgen des folgenden Tages befahl Rasi, den König in das bekannte Bad »Jouze Mullan« in Buchara zu bringen. Da sich der König nicht bewegen konnte, trug man ihn auf einer Sänfte. Im Bad angekommen, hieß Rasi den König, sich zu entkleiden und befahl, daß alle Diener des Königs sich so weit wie möglich vom Bad entfernen sollten. Die Diener zögerten, zogen sich aber zurück, als der König ihnen zu verstehen gab, daß sie so handeln sollten, wie der Hakim es ihnen befahl.
Die Pferde ließ Rasi vor dem Eingang des Bades festbinden. Zusammen mit einem seiner Schüler legte er den König in eine Wanne und übergoß ihn in schneller Folge

mit heißem Wasser. Zugleich flößte er ihm heißen Sirup ein, der die Temperatur des Kranken erhöhte. Nachdem dies geschehen war, zogen sich Rasi und sein Schüler an. Rasi stellte sich vor dem König auf und begann plötzlich, diesen auf die übelste Weise zu beschimpfen und zu beleidigen. Der König war schockiert und regte sich in seiner Hilflosigkeit fürchterlich auf über diese Unhöflichkeit und ungerechte Beschuldigung. In seiner ungeheuren Erregung bewegte sich der König. Als Rasi dies sah, zog er sein Messer, trat nahe an den König heran und drohte, ihn umzubringen. In seiner Angst versuchte sich der König zu retten, bis ihm seine Furcht plötzlich die Kraft gab, aufzustehen und zu fliehen. In diesem Augenblick verließ Rasi schnellstens den Raum und floh zusammen mit seinem Schüler auf dem Rücken der Pferde aus den Mauern der Stadt.
Der König brach erschöpft zusammen. Als er von seiner Ohnmacht wieder erwachte, fühlte er sich freier und konnte sich bewegen. Noch vom Zorn beladen, schrie er nach seinem Diener, ließ sich ankleiden und ritt zu seinem Palast zurück. Die versammelten Menschen jubelten, als sie ihren König frei von seinen Gebrechen sahen.
Acht Tage später erreichte den König ein Brief des Arztes, in dem er seine Vorgehensweise erklärte.

»Bis an die Krone gewuchert«

Unser Bedürfnis nach Selbstschutz wird von uns nicht immer zur rechten Zeit wahr- oder ernstgenommen, besonders dann, wenn die Bedrohung noch keine beängstigenden Formen angenommen hat. Wer sich jedoch zu spät schützt, »den bestraft das Leben«.

Viele Jahre erhob sich die Eiche gütig und zufrieden auf einer Wiese. Im Schatten ihres Geästes wuchsen Pilze, und

manchmal ruhten sich auch Menschen unter ihr aus. Eines Morgens hörte sie ein dünnes Seufzen: »Wenn mir nur jemand wachsen hülfe!«
Lächelnd schaute die Eiche an sich herab und entdeckte eine kleine Efeupflanze mit drei Blättchen, die alle verzweifelt durcheinanderstanden. Die Pflanze klagte bescheiden: »Alles kann wachsen und groß werden. Ich bin zu schwach dazu. Ach, wenn ich doch nur jemand fände, der mich stützen könnte!«
Die Eiche hatte einen ganz dicken runden Stamm. »Wenn du magst, dann halte dich ein wenig an mir fest.«
Ganz glücklich rückte die Kleine etwas näher und krallte sich in die dicke Rinde. Die Eiche aber richtete sich wieder auf, schaute ins Land und war zufrieden. Nach einem Jahr erinnerte sie sich an das kleine Pflänzchen: »Oh, du bist schon groß geworden!«
»Ich bin stark und habe vergessen, daß ich klein war. Hast du mir damals geholfen?«
Die Eiche lächelte über solche Vergeßlichkeit, sprach noch ein paar freundliche Worte und erhob sich wieder für zwei Jahre.
Eines Morgens dachte die Eiche, sie sei krank. Ein unangenehmes Rindejucken hatte sie befallen, dazu fühlte sie sich ein wenig fiebrig.
»Bist du das, der mich so juckt?« fragte sie ihren Gast. Der Efeu war groß und mächtig geworden; er gab keine Antwort.
Nach weiteren Jahren war er bis an die Krone gewuchert. Die Eiche ächzte und stöhnte. Sie flehte: »Laß mir doch noch etwas Luft. Erinnere dich doch, ich habe dich aufgezogen. Weißt du das nicht mehr?«
Der Efeu aber erwürgte den Baum. Tot und knorrig stand dieser in der Wiese, gehalten von den tausend Armen der Schlingpflanze.
Elstern und Raben nisten nun in den Astgabeln der toten Eiche.

»Es war ein unartiges Geisslein«

Es gibt Situationen in unserem Leben, in denen wir uns gegen die Stimmen von außen wehren müssen. Schaden von sich abhalten kann nur der, der auf sein inneres Alarmsystem zu hören vermag und zu hören bereit ist.

Sie waren sieben Geißlein und durften überall reinschaun, nur nicht in den Uhrenkasten; das könnte die Uhr verderben, hatte die Mutter gesagt.
Es waren sechs artige Geißlein, die wollten überall reinschaun, nur nicht in den Uhrenkasten; das könnte die Uhr verderben, hatte die Mutter gesagt.
Es war ein unfolgsames Geißlein, das wollte überall reinschaun, auch in den Uhrenkasten; da hatte es die Uhr verdorben, wie es die Mutter gesagt.
Dann kam der böse Wolf.
Es waren sechs artige Geißlein, die versteckten sich, als der Wolf kam, unterm Tisch, unterm Bett, unterm Sessel, und keines im Uhrenkasten; sie alle fraß der Wolf.
Es war ein unartiges Geißlein, das sprang in den Uhrenkasten, es wußte, daß er hohl war; dort hat's der Wolf nicht gefunden; so ist es am Leben geblieben.
Da war Mutter Geiß aber froh.

Ich halte fest

Dein Stock und dein Stab
geben mir Zuversicht!
(Die Bibel, Ps 23, 4)

* Pflanzen und Tiere, aber auch wir Menschen haben das grundlegende Bedürfnis, festzuhalten. Hilfs- und schutzbedürftig klammern wir uns am Anfang unseres Lebens an die Brust der Mutter, ergreifen die Hand des Vaters, versuchen wir zeitlebens, Menschen, Schätze und Ideen fest an uns zu binden, und noch im Augenblick des Todes klammern wir uns an das Leben oder an die Kraft, die uns über den Tod hinaus neues Leben schenkt.

* Oft leiden wir darunter, wenn wir etwas unbedacht oder leichtsinnig aus den Händen, aus dem Herzen haben gleiten lassen, was oder woran wir hätten festhalten müssen: eine Beziehung, einen Plan, eine eingegangene Verpflichtung, ein gesetztes Ziel, einen Grundsatz, eine Hoffnung, einen Traum.

* Es fällt uns leicht, Dinge festzuhalten, wenn keiner sie uns wegnehmen kann. Erst dann, wenn man versucht, sie uns zu entreißen, zeigt es sich, mit welcher Kraft, mit welcher Liebe und welchem Durch-halte-vermögen wir festhalten können.

* Oft liegt es aber nicht nur an »den andern«, wenn wir etwas nicht mehr festhalten können, sondern auch daran, daß wir zu viele Dinge gleichzeitig be-halten oder »in die Hand« nehmen wollen.

* Vieles halten wir fest, was wir nicht zum Leben brauchen. Es belastet uns eher, macht uns schwerfällig, un-

beweglich und starr. Hier gilt es, »die Hand zu öffnen« und wieder loszulassen. Festhalten und Loslassen gehören zum Leben wie das Ein- und Ausatmen.

»Ich lasse dich nicht los«

An bestimmten Zielen in unserem Leben festzuhalten wird uns nur gelingen, wenn wir auch bereit sind, dafür zu kämpfen. Dabei ist es oft ein Ringkampf mit uns selbst, mit unserem Zweifel und unserer Angst.

In derselben Nacht stand (Jakob) auf, nahm seine beiden Frauen, seine beiden Mägde sowie seine elf Söhne und durchschritt die Furt des Jabbok. Er nahm seine Familie und ließ sie den Fluß überqueren. Dann schaffte er auch seinen Viehbestand hinüber; er blieb allein zurück. Da rang mit ihm ein Mann, bis die Morgenröte aufstieg. Als der Mann sah, daß er ihm nicht beikommen konnte, schlug er ihm aufs Hüftgelenk. Jakobs Hüftgelenk renkte sich aus, als er mit ihm rang. Der Unbekannte sagte: Laß mich los, denn die Morgenröte ist aufgestiegen! Jakob aber entgegnete: Ich lasse dich nicht los, wenn du mich nicht segnest. Jener fragte: Wie ist dein Name? Jakob, antwortete er. Da sprach der Mann: Nicht Jakob wird man dich nennen, sondern Israel (Gottes Streiter), denn mit Gott und Menschen hast du gestritten und hast gewonnen.

»Das Loch im Zaun«

In manchen Lebenssituationen ist es notwendig, sich nicht nur einem einzigen Bedürfnis zu verschreiben, sondern auch den Gegenpol im Auge zu behalten. Wer zum Beispiel nur nach Sicherheit strebt, dem entgleitet leicht etwas, an dem er unbedingt festhalten muß, etwa sein Bedürfnis nach Freiheit.

Ein Schaf auf der Weide entdeckte ein Loch im Zaun und zwängte sich hindurch. Es freute sich über die Freiheit und lief weg. Ganz weit weg lief es, so weit, bis es sich verlaufen hatte.
Bald merkte das Schaf, daß es von einem Wolf verfolgt wurde. Es lief und lief, aber der Wolf blieb hinter ihm. Bis der Hirte kam und das Schaf rettete. Er trug es behutsam zurück zur Herde.
Und obwohl jeder ihn drängte, weigerte er sich, das Loch im Zaun zuzunageln.

»Da zogen sie ab«

Menschen, die an ihren Wünschen, an ihrem Vorhaben, an ihren Zielen aus Überzeugung festhalten und sich nicht beirren und von ihrem Weg abbringen lassen, auch nicht durch Einschüchterung und Gewaltandrohung, flößen selbst ihrem größten Feind Respekt ein.

Rabbi Schlomo reiste einmal mit einem seiner Schüler. Unterwegs verweilten sie ein wenig in einem Wirtshaus, setzten sich an einen Tisch, und der Rabbi hieß Met wärmen; denn er trank gern warmen Met. Währenddessen traten einige Soldaten ein, und da sie Juden am Tisch sitzen sahen, schrien sie sie an, sie sollten sogleich aufstehen. »Ist der Met

schon gewärmt worden?« fragte der Rabbi zum Ausschank hinüber. Ergrimmt hieben jene auf den Tisch und brüllten: »Fort mit euch oder ...!«
»Ist er noch nicht warm?« fragte der Rabbi.
Der Führer der Soldaten zog ein Schwert aus der Scheide und legte es ihm an den Hals. »Allzu heiß darf er nämlich nicht werden«, sagte Rabbi Schlomo.
Da zogen sie ab.

Ich lasse los

Viel schwerer als das Fassen
fällt uns oft das Lassen.
(Sprichwort)

✳ Wenn wir etwas festhalten wollen, damit es uns keiner wegnehmen kann, müssen wir uns in aller Regel anstrengen. Wenn wir hingegen etwas loslassen, brauchen wir doch »nur« die Hand zu öffnen. Nichts leichter als das, denken wir. Und doch erfahren wir immer wieder, daß es uns im Leben häufig viel schwerer fällt, loszulassen als festzuhalten.

✳ Sowohl am Anfang als auch am Ende unseres Lebens müssen wir loslassen: Bei der Geburt läßt die Mutter los, damit das Kind das Licht der Welt erblicken kann. Am Ende, wenn uns das Leben genommen wird, steht wieder das Loslassen. Einen guten Tod hat der, der dies vermag.

✳ Wer loslassen kann, der kann Abschied nehmen und trauern.

✳ Loslassen ist nicht gleich verlieren. Ein Fluß läßt am Wasserfall seine Wassermassen los. Im Loslassen, im Fallen reichert sich das Wasser mit Sauerstoff an. Entsprechend gewinnen auch wir »mehr Leben«, wenn wir loslassen, zum Beispiel, wenn wir verzeihen können.

✳ Ein guter Bogenschütze hängt regelmäßig nach dem Schießen die Sehne des Bogens aus, damit sie sich wieder entspannen kann. Ohne dieses Loslassen hätte die Sehne bald keine Spannkraft mehr.

✳ Menschen, die sich beklagen, daß in einer Gemeinschaft »nichts los« sei, halten oft selbst eine Menge »fest«, halten sich in ihren Äußerungen zurück, bringen sich kaum ein, geben selten etwas von sich preis.

✳ Nur leere Hände können (wieder) empfangen.

»Er brach die Rose«

Wenn wir um einen geliebten Menschen trauern, wenn uns ein Lebenstraum oder ein Herzenswunsch wie eine Seifenblase zerplatzt, spüren wir in ganz besonderer Weise, wie schwer es uns fällt, loszulassen. Was uns bleibt, ist die Vergangenheit, an der wir festhalten wie Ertrinkende. Dabei laufen wir Gefahr, uns in unseren Erinnerungen und damit Gegenwart und Zukunft zu verlieren.

Ein orientalischer König hatte eine zauberhafte Frau, die er über alles liebte und deren Schönheit sein Leben überstrahlte. Immer wenn er Zeit hatte, suchte er ihre Nähe. Eines Tages starb die Frau plötzlich und ließ den König in großer Trauer zurück. »Nie«, rief er aus, »will ich mich von meinem geliebten Weibe trennen, auch wenn der Tod jedes Leben aus ihren holden Zügen genommen hat.« In einem gläsernen Sarkophag bahrte er seine Frau im größten Saal des Palastes auf und stellte sein Bett daneben, nur um nicht eine Minute von ihr getrennt zu sein. Die Nähe zu seiner verstorbenen Frau war sein einziger Trost und gab ihm Ruhe.

Es war aber ein heißer Sommer, und trotz der Kühle des Palastes ging der Leichnam der Frau langsam in Verwesung über. Schon bald bildeten sich Schweißtropfen auf der erhabenen Stirn der Toten. Ihr holdes Antlitz begann sich zu verfärben und wurde von Tag zu Tag aufgedunsener. Der König in seiner Liebe sah dies nicht. Bald erfüllte der süßliche Geruch der Verwesung den ganzen Raum, und kein Diener wagte es, auch nur seine Nase hereinzustecken. Der König nahm selber schweren Herzens sein Bett und trug es in den Nachbarraum. Obwohl alle Fenster sperrangelweit offenstanden, kroch der Geruch der Vergänglichkeit ihm nach, und kein Rosenöl überdeckte ihn. Schließlich band er sich seine grüne Schärpe, das Zeichen seiner königlichen Würde, vor die Nase. Doch nichts half. Es flohen alle Diener und Freunde, und die einzigen, die ihm noch Gesellschaft leisteten, waren die großen, summenden schwarz schillernden Fliegen.

Dann verlor der König das Bewußtsein. Der Hakim, der Arzt, ließ ihn in den großen Garten des Palastes bringen. Als der König erwachte, strich ein frischer Windhauch über ihn. Der Duft der Rosen umschmeichelte seine Sinne, und das Geplätscher der Fontäne erfreute sein Ohr. Es war ihm, als lebte seine große Liebe noch. Nach wenigen Tagen erfüllte wieder Gesundheit und Leben den König. Sinnend blickte er in den Blütenkelch einer Rose, und plötzlich erinnerte er sich daran, wie schön seine Frau zu Lebzeiten gewesen und wie immer ekelerrgender der Leichnam von Tag zu Tag war. Er brach die Rose, legte sie auf den Sarkophag und befahl seinen Dienern, die Leiche der Erde zu übergeben.

»Wie man Affen fängt«

Unsere Wünsche nach Macht und Besitz sind oft unsere stärksten Ketten. Wir machen uns »zum Affen« unserer Unersättlichkeit. Wer loslassen kann, vergrößert den Spielraum seiner Freiheit.

Eine indische Geschichte gibt Anweisung, wie man Affen fängt: Man nehme eine Kokosnuß, binde sie an einen Baum, höhle sie aus und gebe etwas Reis hinein. Das Loch soll gerade groß genug sein, daß ein Affe seine Pfote hindurchschieben kann. Wenn er sie nun mit Reis gefüllt hat, ist sie so groß geworden, daß er sie nicht mehr herausziehen kann. Er will aber um jeden Preis den Reis festhalten und ist daher gefangen.

»In das Netz der Liebe stürzen«

Wenn wir es schaffen, einem Menschen zu verzeihen, verzichten wir darauf, im Recht zu sein, Recht zu behalten. Dabei wird jedoch unser Herz nicht ärmer und leerer, sondern es füllt sich mit Glück.

In einem Fischerdorf war es ein ungeschriebenes Gesetz, daß eine Frau, die beim Ehebruch ertappt wurde, von einem hohen Felsen gestürzt werden mußte.
Wieder einmal verurteilten die Ältesten des Dorfes eine Frau, die mit einem Matrosen die Ehe gebrochen hatte. Doch in der Nacht stieg der betrogene Ehemann in die Felswand und spannte ein Netz aus starken Seilen über den Abgrund, das er mit Gras, Stroh und Kissen ausstopfte. Am anderen Morgen wurde das Urteil vollstreckt, aber die Frau stürzte in das Netz der Liebe ihres Mannes. In ihrer Unentschlossenheit riefen die Dorfbewohner die Markgräfin an. Diese schenkte der Frau ihr eigenes Haarnetz als Zeichen dafür, daß die Liebe des Fischers die Schuld der Frau aufgefangen hatte.

Ich bin still

Unsere größten Erlebnisse
sind nicht unsere lautesten,
sondern unsere stillsten Stunden.
(Jean Paul)

✳ Unser Leben (»Lebens-lauf«) gleicht einem Fluß. Neben einem starken Gefälle, neben Stromschnellen und Wasserfällen kennt der Fluß auch Phasen der Ruhe, Zeiten, in denen er träge und ruhig dahinfließt, so daß er eher einem stillen See als einem fließenden Gewässer gleicht.

✳ So wie der Fluß in seinem ruhigen Lauf sein Wasser klärt, indem sich all das langsam zu Boden senkt, was im eiligen Dahinfließen aufgewirbelt und mitgerissen wurde, so können sich auch in uns in Zeiten der Ruhe und Entspannung die vielen Eindrücke, Gedanken und Gefühle setzen, ordnen und klären.

✳ In Phasen der Ruhe können wir auch berechtigte Kritik, die an uns geübt wird, aufnehmen. Wir können »darüber schlafen« und sie in aller Stille bedenken. Oft reagieren wir auf solche Dinge zu schnell und schmettern sie in der Art eines Pingpong-Spiels ab.

✳ So wie der Körper nach dem Essen Zeit braucht, um die Nahrung zu verdauen, brauchen wir nach einem Gespräch das Schweigen, um all das zu bedenken und aufzuarbeiten, was wir gehört haben.

✳ In der Stille können wir unsere Kräfte sammeln, können das Wesentliche vom Unwesentlichen trennen und uns auf das Notwendige konzentrieren.

✳ Die Ruhe und die Stille sind für uns eine Notwendigkeit, um unsere »innere Stimme« wieder hören zu können, um all das wieder wahrzunehmen, was sich in uns an Erinnerungen, an Stimmungen, Wünschen und Signalen Gehör verschaffen will.

* Stille ist nicht nur ein Bedürfnis unseres Mundes, unserer Ohren und Augen, sondern auch unserer Hände und Füße. Wir gelangen so zur Mitte unserer Person. Lärm, Hektik, Kurzatmigkeit und Geschwätzigkeit lassen uns nur am Rand herumwirbeln.

»Man sieht sich selber«

Unruhe und Hektik lenken unsere Aufmerksamkeit auf immer neue Dinge. Wir werden ständig abgelenkt und verlieren den Kontakt zur eigenen Mitte. Wer die Ruhe und die Stille sucht, ist auf dem Weg zu sich selbst.

Zu einem einsamen Mönch kamen eines Tages Besucher. Sie fragten ihn: »Was für einen Sinn siehst du in deinem Leben der Stille?«
Der Mönch war gerade damit beschäftigt, Wasser aus einer Zisterne zu schöpfen. Er sprach zu den Besuchern: »Schaut in die Zisterne! Was seht ihr?«
Die Leute blickten in die tiefe Zisterne. »Wir sehen nichts.«
Nach einer kurzen Weile forderte der Einsiedler die Leute noch einmal auf: »Schaut in die Zisterne! Was seht ihr?«
Die Leute blickten wieder hinunter. »Ja, jetzt sehen wir uns selber!«
Da sagte der Mönch: »Schaut, als ich vorhin Wasser schöpfte, war das Wasser unruhig. Jetzt ist das Wasser ruhig. Das ist die Erfahrung der Stille: Man sieht sich selber!«

»Schweigen können«

Schweigen, so meinen wir, ist das gleiche wie Nichts-tun: Man muß nur den Mund schließen. Das kann jeder. Schweigen jedoch ist eine große Fähigkeit, die wir erst erlernen müssen.

Vier Mönche beschlossen, einen Monat zu schweigen. Zunächst ging alles gut, aber nach dem ersten Tag sagte ein Mönch: »Ich bin nicht sicher, ob ich meine Zellentür zugeschlossen habe, als wir das Kloster verließen.« Ein anderer sagte: »Du Narr! Wir haben beschlossen, einen Monat zu schweigen, und nun hast du das Schweigen gebrochen. Der dritte sagte: »Und du? Du hast es auch gebrochen.« Sagte der vierte: »Gott sei Dank bin ich der einzige, der noch nicht gesprochen hat.«

»Mein einziger gesammelter Gedanke«

Nicht wenige Dinge, die uns im Leben in ganz besonderer Weise gelingen, entstehen aus der Erfahrung der Stille, aus großer innerer Sammlung. »Stille ist nicht müdes Warten, sondern innerstes Wachsein« *(H. Hümmer).*

Khing, der Meisterschnitzer, schnitt einen Glockenständer aus kostbarem Holz. Als er fertig war, meinten alle, die ihn sahen, das sei das Werk der Geister, so Schönes könne einem Menschen nicht gelingen.
Der Fürst von Lu fragte den Schnitzer: »Hast du ein Geheimnis?« King erwiderte: »Ich bin ein Handwerker und habe kein Geheimnis. Es ist einfach so: Als ich über das Werk nachzudenken anfing, das du mir aufgetragen hattest, sammelte ich meinen Geist, dachte nicht mehr an Kleinigkeiten, die am Rande liegen. Ich fastete, damit mein In-

neres zur Ruhe käme. Nach drei Tagen strengen Fastens hatte ich Lohn und Erfolg vergessen. Nach fünf Tagen dachte ich nicht mehr an Lob und Tadel. Nach sieben Tagen spürte ich meinen Körper nicht mehr und keines meiner Glieder. Ich wußte nicht mehr, daß ich am Hofe eurer Hoheit war. Alles, was mich von der Arbeit ablenken konnte, war fortgetilgt. Ich war auf den einen Punkt hin gesammelt: den Glockenständer.

Dann ging ich in den Wald und sah mir die Bäume an, wie sie gewachsen waren. Als ich dann den einzig richtigen Stamm erblickte, war die Figur des Glockenständers schon in ihm, ganz klar und rein. Ich ging an die Arbeit, und die Form des Glockenständers schälte sich wie von selbst heraus.

Hätte ich nicht jenen bestimmten Baum erblickt, gäbe es diesen Glockenständer nicht. Was eigentlich geschah? Mein einziger gesammelter Gedanke traf auf die verborgene Gestalt im Holz. Aus dieser Begegnung erwuchs das Werk, das ihr den Geistern zuschreibt.«

Ich versöhne mich mit ...

Vielleicht sind alle Drachen unseres Lebens
Prinzessinnen, die nur darauf warten,
uns einmal schön und mutig zu sehen.
(Rainer Maria Rilke)

✳ In dem Wort »ver-söhn-en« drückt sich der Wunsch aus, etwas oder jemanden zum »Sohn« beziehungsweise zur »Tochter« zu machen. Ich nehme etwas oder jemanden in die Familie auf. Was draußen ist, wird nach innen geholt. Was getrennt war, wird wieder eng verbunden.

✳ Das meiste, das mir in meinem Leben unversöhnlich gegenübersteht, ist für mich wie ein Spiegel, in dem ich all das erkennen kann, was ich aus meiner Seele, aus meinem Bewußtsein, verbannt habe. Abgespalten, nach draußen verjagt, begegnet es mir im Gegenüber meiner Mitmenschen, die ich ablehne. Diese Teile gilt es so mit mir zu versöhnen, daß sie im Gesamtgefüge meiner Person wieder eine Rolle spielen. So kann zum Beispiel mein geheimer, vernachlässigter Wunsch, einmal schwach sein zu dürfen, in mir leben und erscheint nicht als unversöhnter Teil im Gesicht eines Menschen, den ich als »Schwächling« ablehne.

✳ Eine Brennessel ist für mich zunächst »Unkraut«. Man sollte sie ausreißen und verbrennen, so denke ich. Eines Tages jedoch verordnet mir der Arzt Brennesseltee. Widerwillig trinke ich ihn. Nach Wochen spüre ich die heilsame Wirkung. Aus einem Unkraut wird ein Heilkraut. Mein Wunsch, gesund zu werden, hilft mir, die Pflanze jetzt ganz anders zu sehen. Die Dinge anders sehen: oft der entscheidende Schritt zur Versöhnung.

* Nach der Versöhnung erkenne ich, von welchen Vorurteilen ich geleitet war, welche Zerrbilder ich mir bisher gemacht habe, welche unnötigen Ängste mich in unerbittliche Feindschaften getrieben haben.
* Dort, wo Versöhnung nicht gelingt, kann dennoch der Weg gegenseitiger Toleranz gegangen werden.

»Spiegelbilder«

Viele mühsame Kämpfe, die wir mit unseren Mitmenschen austragen, sind eigentlich die Kämpfe in unserer eigenen Brust, es ist der Unfriede, das Unversöhntsein mit uns selbst. Wenn wir uns mit uns selbst versöhnen, werden unsere Feinde von Tag zu Tag weniger.

Ein indisches Märchen erzählt von einem Hund, der in ein Zimmer geriet, in dem alle Wände Spiegel waren. Er sah also plötzlich viele Hunde. Da wurde er wütend, fletschte die Zähne und knurrte böse. Alle Hunde im Spiegel wurden ebenso wütend, fletschten die Zähne und knurrten. Der Hund erschrak und fing an, im Kreis herumzulaufen: so lange, bis er schließlich tot zusammenbrach.
Hätte er nur ein einziges Mal mit dem Schwanz gewedelt: Alle seine Spiegelbilder hätten ihm ein freundliches Bild zurückgeworfen!

»Friedliche Zusammenarbeit«

Manchmal steuern wir zu schnell auf das Ziel der Versöhnung zu. Dieser geht immer die Bereitschaft voraus, das Fremde als Fremdes ernst zu nehmen. Ein gutes Neben-

und Miteinander ist hilfreicher als eine vorschnell erreichte Harmonie.

Ein Schüler fragte den Meister: »Wie ist es möglich, zwei unversöhnliche Feinde zur Zusammenarbeit zu bewegen?« Der Meister antwortete: «Lerne vom einfachen Kochtopf. Sein dünner Boden vermag die feindlichen Elemente Feuer und Wasser nicht zu versöhnen, aber er bewegt sie zur friedlichen Zusammenarbeit. Und dabei mischt er sich nicht ein in die Angelegenheiten der beiden: Er läßt das Wasser Wasser sein, und auch das Feuer brennt weiter.«

»Das Tier gern haben«

Unversöhnte Menschen sind in ihrer Wahrnehmung festgelegt. Sie sehen die Welt nur noch von ihrer Warte aus. Hätten sie die Freiheit, ihren Standpunkt nur ein klein wenig zu verschieben, sie würden neue Seiten ihres Gegenübers erkennen, die eine Versöhnung erleichtern.

Ein junger Mann war mit viel Begeisterung nach Indien aufgebrochen. Bald schon aber belastete ihn alles: das Klima, die anderen Essens- und Wohnverhältnisse, die freundlichen und doch wiederum so beunruhigend undurchdringlichen Menschengesichter … Der Kragen platzte ihm schließlich bei einer Kleinigkeit: Er bekam ein Zimmer zugewiesen, in dem er nach gründlicher Untersuchung zu seinem Schrecken eine fette, häßliche Eidechse vorfand.
Er wurde aggressiv: »Damit will ich nicht zusammenleben.« Aber so sehr er sich auch Mühe gab, sie einzufangen, es gelang ihm nicht. Sie verschwand schließlich hinter einem Schrank, wo sie für ihn unerreichbar war …
Mitten in seiner Verzweiflung durchfuhr ihn der Gedanke: Er könnte doch versuchen, das Tier gernzuhaben!

Es war nicht einfach ... Aber wenn er jetzt das Zimmer betrat, galt sein erster Blick »seiner« Eidechse. Nach einigen Tagen gab er ihr einen Namen. Sie wurde langsam so etwas wie ein Gesprächspartner. Und er entdeckte, daß das Zusammenleben mit der Eidechse auch praktische Vorteile hatte, so etwa, daß sie die Vermehrung der Moskitos kontrollierte.

Ich verantworte

Jeder von uns
ist jedem anderen gegenüber
für alles verantwortlich.
(F. M. Dostojewski)

✳ Wer Verantwortung zeigt, antwortet auf etwas, das ihn angesprochen, im Innersten berührt und betroffen hat. Er stellt sich nicht taub, sondern bezieht Stellung.

✳ Vertrauen fordert Verantwortung heraus. Vertrauen, das mir entgegengebracht wird, und Verantwortung, die ich daraufhin wahrnehme, gehören zusammen wie Rede und Antwort.

✳ Ohne Verantwortung füreinander gibt es keine dauerhafte und lebendige Beziehung. Menschen, die sich füreinander verantwortlich fühlen, können Spannungen, die ein Zusammenleben mit sich bringt, aushalten und durchstehen. Eine verantwortliche Beziehung ist nicht den Launen des Augenblicks ausgeliefert und besitzt die notwendige Ruhe für Entwicklung.

✳ Einen Menschen zur Verantwortung zu ziehen, kann notwendig sein. Ihn zur Verantwortung zu zwingen, ist verantwortungslos.

✳ Verantwortung kann dazu mißbraucht werden, andere zu bevormunden, sie unmündig und unabhängig zu machen, wenn wir uns für Dinge verantwortlich fühlen, die in den Verantwortungsbereich der anderen fallen – natürlich in der Meinung, ihnen »zu helfen«.

✳ Umgekehrt neigen wir oft dazu, die eigene Verantwortung loszuwerden und an andere abzutreten.

✳ Ein Mensch, der sich verantwortlich fühlt und sich einmischt, macht sich am Leben »die Finger schmutzig«. Der verantwortungslose Mensch ist ein feiger Zuschauer. »Was ich aber am tiefsten verabscheue, das ist die traurige Rolle des Zuschauers, des objektiven Beobachters, dessen, der unbeteiligt tut oder ist. Man soll nicht zuschauen, man soll Zeuge sein, mittun und Verantwortung tragen« *(Antoine de Saint-Exupéry).*

»Nur Wasser im Glas«

»Die anderen werden das schon machen, auf einen mehr oder weniger kommt es nicht an ...« Eine solche Lebenseinstellung kann nicht aufgehen.

Da sollte irgendwo in Indien oder China ein großes Fest stattfinden. Ein Hochzeitsfest. Aber das Brautpaar war sehr arm. Darum hatten sie auf die Einladungskärtchen geschrieben, jeder solle bitte eine Flasche Reiswein mitbringen und am Eingang in ein großes Faß schütten. Sie sollten alle zu einem frohen Fest beitragen.
Als alle versammelt waren, schöpften die Serviererinnen aus dem Faß. Und wie sie zum Wohl des jungen Brautpaares anstoßen und trinken, da versteinern alle Gesichter: Denn jeder hatte nur Wasser im Glas.
Jetzt bereute wohl jeder seine Überlegung: Ach, die eine Flasche Wasser, die ich hineingieße, wird niemand merken. Aber leider hatten alle so gedacht. Alle wollten auf Kosten der anderen mitfeiern. Und so konnte das große, schöne Fest nicht stattfinden.

»UND NICHTS HABEN SIE GETAN?

Vielleicht werden wir eines Tages nicht danach gefragt, was wir alles an schlechten Dingen in unserem Leben getan haben, sondern nach dem, was wir an Gutem nicht getan haben.

Die Hölle war total überfüllt, und noch immer stand eine lange Schlange am Eingang. Schließlich mußte sich der Teufel selbst herausbegeben, um die Leute fortzuschicken. »Bei mir ist nur noch ein einziger Platz frei«, sagte er, »den muß der größte Sünder bekommen.«
Der Teufel hörte sich die Verfehlungen der einzelnen an. Aber was auch immer sie ihm erzählten, nichts schien ihm schrecklich genug, als daß er dafür den letzten Platz in der Hölle hergeben möchte. Doch da stand noch ein Mann ganz für sich allein, den er nicht befragt hatte. »Was haben Sie denn getan?« fragte ihn der Teufel.
»Nichts«, sagte der Mann, »ich bin ein guter Mensch und nur aus Versehen hier.«
»Aber Sie müssen doch etwas getan haben«, sagte der Teufel, »jeder Mensch stellt etwas an.«
»Ich habe vieles gesehen und erlebt«, sagte der ›gute Mensch‹, »aber ich habe mich stets von allem ferngehalten. Ich sah, wie Menschen ihre Mitmenschen verfolgten, aber ich beteiligte mich niemals daran. Sie haben Kinder hungern lassen und in die Sklaverei verkauft; sie haben auf den Schwachen herumgetrampelt. Überall um mich herum haben Menschen Übeltaten jeder Art begangen. Ich allein widerstand der Versuchung und tat nichts.«
»Absolut nichts?« fragte der Teufel ungläubig, »sind Sie völlig sicher, daß Sie das alles mitangesehen haben?«
»Vor meiner eigenen Tür«, sagte der ›gute Mensch‹.
»Und nichts haben Sie getan?« wiederholte der Teufel.
»Nein!«
»Komm herein«, sagte der Teufel, »der Platz gehört dir!«

Und als er den ›guten Menschen‹ einließ, drückte er sich zur Seite, um nicht mit ihm in Berührung zu kommen.

»Der Wechsel der Nester«

Andere Menschen für etwas verantwortlich zu machen, für das wir selbst verantwortlich sind, ist eine unserer »täglichen Übungen«. Probleme lösen wir dadurch nicht.

Eine Taube wechselte ständig ihr Nest. Der scharfe Geruch, den die Nester im Laufe der Zeit entwickelten, war für sie unerträglich. Darüber beklagte sie sich bitter bei einer weisen, alten, erfahrenen Taube. Diese nickte mehrmals mit dem Kopf und sagte: »Durch ständigen Wechsel der Nester änderst du nichts. Der Geruch, der dich stört, kommt nicht von den Nestern, sondern von dir selbst.«

Ich öffne mich

Er öffnete den Felsen,
und Wasser entquoll ihm.
(Die Bibel; Psalm 105, 41)

✳ Eine der erfolgreichsten Erfindungen der Evolution ist die Zellwand des Einzellers. Auf der einen Seite kann sie verhindern, daß wichtige Substanzen das Zellinnere verlassen. Sie kann sich aber auch nach außen öffnen, um lebensnotwendige Stoffe in die Zelle hereinzulassen, und ermöglicht zugleich, daß Giftstoffe aus dem Inneren der Zelle wieder nach außen abfließen.

✳ So wie die Fähigkeit des Sich-Öffnens das Leben der Zelle ermöglicht, so müssen auch unsere Seele und unser Geist immer wieder den Kontakt zur Außenwelt herstellen. Durch diese Öffnung kann vieles auf mich zukommen, was für mich lebensnotwendig ist: Zuwendung, Nähe, Wärme, Lob, Ermutigung und Ansprache. Durch dieselbe Öffnung können wir, wenn sich der andere mir gegenüber öffnet, alle diese Erfahrungen auch wieder zurückgeben.

✳ Die Tür, durch die ich nach außen trete, ist die gleiche, die mich vor der Außenwelt schützt, wenn ich sie schließe. Sich öffnen und sich wieder verschließen gehören zusammen und bedingen einander.

✳ Immer wieder stoßen wir auf Barrieren, die uns daran hindern, uns gegenüber den anderen zu öffnen: starre Einstellungen und Vorurteile, Ängste, die jede Neugierde und Spontaneität ersticken.

✳ »Drusen« nennt man seit dem Mittelalter jene Gesteinskugeln, die in ihrem Innenraum schön ausgebildete Kristalle bergen. Von außen sehen sie unscheinbar, stumpf und rauh aus, in ihrem Innern glitzern die vielen Kristalle wie die Sonne in einem See. Diese Schönheit, dieser Reichtum, diese Wunderwelt erschließt sich uns nur, wenn wir die Druse öffnen. Menschen, die es schwer haben, sich zu öffnen, verbergen oft in ihrer Seele einen Schatz. Ihn zu bergen, ist mit viel Angst verbunden.

»Innen ganz trocken«

Der aufgeschlossene Mensch setzt sich dem Leben aus; wer sich verschließt, versinkt in Leblosigkeit.

Ein Inder saß eines Tages am Ufer eines Gebirgsbaches im Himalaya. Er schaute auf die Wellen, freute sich über das klare Wasser und zog schließlich einen Kieselstein aus dem Flußbett. Einen schönen, runden, harten Stein. Er zerschlug ihn und stellte fest, daß er innen ganz trocken war. Der Stein hatte doch Jahrhunderte, Jahrtausende im Wasser gelegen, doch es war nicht ins Innere vorgedrungen.
Und er begann zu meditieren: Ist es nicht ebenso mit den Menschen? Umflutet von den Segnungen der Religionen, doch wie hart sind die Menschen geblieben! Die Schuld liegt offenbar nicht an den Religionsstiftern oder ihren Lehren, sondern an denen, deren Herzen verhärtet sind.

»Du hast etwas gegeben«

Wenn wir uns einem Menschen öffnen, lassen wir ihn an unserem Leben teilnehmen, wir geben ihm ein kleines Stück von uns selbst. Dies führt zu besserem gegenseitigen Verständnis. Wer sich also öffnet, der gibt und empfängt gleichzeitig.

Es war einmal ein Salzmännchen, das durch warme Gegenden und Wüsten gewandert und so ans Ufer des Meeres gekommen war. Es hatte das Meer vorher noch nie gesehen.
»Wer bist du?« fragte das Männchen. »Ich bin das Meer«, antwortete das Meer. »Aber was ist das Meer?« bohrte das Salzmännchen weiter. »Ich«, entgegnete das Meer. »Ich verstehe es nicht«, murmelte das Männchen traurig vor sich hin. »Aber wie nur könnte ich dich verstehen? Ich wünsche es so sehnlich!« »Berühr mich!« sagte das Meer.
Und schon berührte das Salzmännchen mit seinen Zehenspitzen das Meer, und es begann das Geheimnis des Meeres zu verstehen. Aber sehr schnell merkte es, daß seine Zehenspitzen verschwunden waren. »Was hast du gemacht, Meer?« »Du hast etwas gegeben, um mich verstehen zu können«, sagte das Meer.

»Ihr Gruss wurde nicht erwidert«

Wer sich einem Menschen öffnet, der ist neugierig auf ihn, versucht, etwas über ihn zu erfahren, er nimmt Kontakt auf. Wer nicht aufnahmewillig ist und immer alles von vornherein über den anderen weiß, dem wird vieles verschlossen bleiben.

Eine fünfköpfige Familie war glücklich, einen Tag am Strand verbringen zu können. Die Kinder badeten im Meer und bauten Sandburgen, als eine kleine alte Dame auf sie zukam. Ihr graues Haar wehte im Wind und ihre Kleidung war schmutzig und zerlumpt. Sie murmelte vor sich hin, während sie Gegenstände vom Boden aufhob und in eine Tasche tat.

Die Eltern riefen die Kinder zu sich und sagten, sie sollten sich von der alten Dame fernhalten. Als sie vorüberging und sich hin und wieder bückte, um etwas aufzuheben, lächelte sie der Familie zu. Aber ihr Gruß wurde nicht erwidert.
Viele Wochen später erfuhren sie, daß die alte Dame es sich zur Aufgabe gemacht hatte, Glasscherben am Strand aufzuheben, damit sich die Kinder nicht am Fuß verletzten.

Ich bescheide mich

Viele Menschen versäumen das kleine Glück,
weil sie auf das große vergeblich warten.
(Pearl S. Buck)

✳ Wer bescheiden ist, weiß »Bescheid« über den eigentlichen Wert dessen, was er besitzt, was er jetzt in den Händen hält. Ein Sperling in seiner Hand ist ihm willkommener als die Taube auf dem Dach.

✳ Ein bescheidener Mensch bricht keine Kriege vom Zaun, um zu erobern, einzuverleiben und zu rauben. Er gräbt nicht mißmutig in der Vergangenheit, um zu bejammern und zu klagen. Er starrt auch nicht in die Zukunft, die immer noch etwas Besseres und Schöneres anzubieten weiß. Er lebt in der Gegenwart, er ist zufrieden mit dem, was hier und jetzt ist.

✳ Der bescheidene Mensch weiß um die Melancholie des Erreichten, er weiß um die traurige Leere, die den Menschen erfüllt, wenn er nach dem mühsam errungenen Erfolg erschöpft feststellen muß, daß sich keine echte und dauerhafte Freude einstellen will.

✳ »Omnia mea mecum porto« – »Alles, was ich brauche, trage ich mit mir«, so drückte es einmal ein Philosoph aus. Wer so lebt, lebt weniger in Angst. Er kann freier leben, weil jeder Besitz mit der Angst vor Verlust einhergeht und die Sorge größer macht.

✳ »Hunderte kleine Freuden sind tausendmal mehr als eine große.« *J. Keppler*

»Nur Perlen«

Bescheidene Menschen haben ein Gespür für das Leben, sie sammeln nur das, was sie wirklich im Leben brauchen. Die Unbescheidenen raffen am Leben vorbei.

Zwei Schmuckhändler kamen eines Nachts fast gleichzeitig in einer Karawanserei in der Wüste an. Jeder war sich der Gegenwart des anderen durchaus bewußt, und als der eine sein Kamel ablud, konnte der andere der Versuchung nicht widerstehen, wie zufällig eine große Perle fallen zu lassen. Sie rollte auf den anderen zu, der sie mit gespielter Liebenswürdigkeit aufhob, sie ihrem Eigentümer zurückgab und sagte: »Ihr habt hier eine wunderschöne Perle, Sir. Groß und schimmernd wie wenige.«
»Wie reizend Ihr das sagt«, erwiderte der andere. »Tatsächlich ist sie eine der kleineren aus meiner Kollektion.«
Ein Beduine, der am Feuer saß, hatte dieses Schauspiel beobachtet. Er erhob sich und lud die beiden ein, mit ihm zu essen. Als sie ihr Mahl begannen, erzählte er folgende Geschichte:
»Auch ich, meine Freunde, war einmal ein Schmuckhändler wie ihr. Eines Tages geriet ich in der Wüste in einen großen Sturm. Meine Karawane und ich wurden hin und her getrieben, bis ich mein Gefolge verloren und mich verirrt hatte. Tage vergingen, und von panischer Angst ergriffen, merkte ich, daß ich im Kreis herumgewandert und kein Gefühl mehr hatte, wo ich war und welche Richtung ich einschlagen sollte.
Als ich fast verhungert war, lud ich alles Gepäck von meinem Kamel ab und durchwühlte es wohl zum hundertsten Mal. Stellt euch meine Aufregung vor, als ich einen Beutel fand, den ich zuvor übersehen hatte. Mit zitternden Fingern riß ich ihn auf in der Hoffnung, etwas Eßbares zu finden. Ihr werdet meine Enttäuschung verstehen, als ich sah, daß er nur Perlen enthielt.«

»Nimm dein Geld zurück«

Bescheidene Menschen wissen »Bescheid« über die verhängnisvolle Spirale von Habenwollen und Sichsorgenmüssen. Je mehr wir haben, um so mehr ängstigen wir uns, daß es uns wieder genommen wird.

Es war einmal ein armer Schuster. Der war den ganzen Tag guter Laune. Er war so glücklich, daß er von morgens bis abends vor Freude sang. Immer standen viele Kinder vor seinem Fenster und hörten ihm zu. Gleich neben dem Schuster lebte ein sehr reicher Mann. Dieser blieb die ganze Nacht auf und zählte seine Goldstücke. Am Morgen ging er dann zu Bett. Er konnte aber nicht schlafen, weil er den Schuster singen hörte.

Eines Tages hatte er eine Idee, wie er den Schuster am Singen hindern könnte. Er lud diesen zu sich ein und schenkte ihm einen Beutel voller Goldstücke. Als der Schuster wieder zu Hause war, öffnete er den Beutel.

Nie in seinem Leben hatte er so viel Geld gesehen. Sorgfältig begann er es zu zählen, und die Kinder schauten zu. Es war so viel, daß der Schuster Angst hatte, es auch nur kurz aus dem Auge zu verlieren. So nahm er es nachts mit ins Bett. Aber auch dort mußte er immer an das viele Geld denken, und er konnte nicht einschlafen. So trug er den Beutel auf den Dachboden, aber er war gar nicht sicher, ob das nun ein gutes Versteck sei. Früh am Morgen stand er auf und holte den Beutel wieder herunter. Er hatte beschlossen, ihn am Kamin zu verstecken. Ich bringe das Geld ins Hühnerhaus, dachte er etwas später. Da sucht es bestimmt niemand. Aber er war noch immer nicht zufrieden, und nach einer Weile grub er ein tiefes Loch im Garten und legte den Beutel hinein.

Zum Arbeiten aber kam er nun nicht mehr. Und singen konnte er auch nicht mehr. Er war zu besorgt, seinen Be-

sitz wieder zu verlieren, um auch nur einen Ton hervorzubringen. Am schlimmsten aber war es für ihn, daß ihn die Kinder nicht mehr besuchten.
Er wurde immer unglücklicher, bis er eines Tages den Beutel wieder hervorholte und damit zu seinem Nachbarn lief. »Bitte, nimm dein Geld zurück«, sagte er. »Die Sorge darum macht mich ganz krank, und auch meine Freunde wollen nichts mehr von mir wissen. Ich möchte lieber wieder ein armer Schuster sein, wie ich es vorher war.« Und so wurde der Schuster bald wieder genauso vergnügt wie zuvor und sang und arbeitete den ganzen Tag.

»Genau dort!«

Wer nur wenige Dinge besitzt, läuft auch weniger Gefahr, von den Dingen besessen zu werden. Der bescheidene Mensch müht sich nicht darum zu bedenken, was er noch alles braucht; er freut sich vielmehr darüber, daß er weiß, was er alles nicht braucht.

Der Lehrer saß in Meditation versunken am Ufer des Flusses, als ein Schüler ihm zwei große Perlen als Zeichen der Verehrung und Ergebenheit vor die Füße legte. Der Lehrer öffnete die Augen, hob eine der Perlen auf und hielt sie so nachlässig in der Hand, daß sie herausrutschte und die Böschung hinunter in den Fluß rollte.
Der entsetzte Schüler tauchte sofort nach der Perle, aber obwohl er es bis spät in den Abend hinein immer wieder versuchte, hatte er kein Glück. Schließlich weckte er den Lehrer aus seiner Meditation, naß und erschöpft wie er war, und sagte: »Ihr habt die Perle fallen sehen. Zeigt mir genau, wo. Dann kann ich sie für Euch wiederfinden.«
Der Lehrer hob die zweite Perle auf, warf sie in den Fluß und sagte: »Genau dort!«

Ich gedulde mich

Passe dich dem Schritt der Natur an:
Ihr Geheimnis heißt Geduld.
(R. W. Emerson)

* Wer Geduld übt, kann dulden: zulassen, zugestehen, eingestehen, gewähren, einräumen. Wenn ich geduldig bin, so gestehe ich mir selbst und anderen Menschen all das zu, was zu meiner und ihrer Entwicklung nötig ist: Zeit, Ruhe, kleine Schritte nach vorne, aber auch Schritte zurück.

* Wer Geduld aufbringt, weiß um die Notwendigkeit des Reifens: Menschen werden oft gezwungen, Dinge zu tun, für die sie noch nicht reif sind. Ungeduld ist das Jawort zur Unreife, zur Frühreife. Die Ungeduldigen möchten die Zeit der Reife abkürzen, überspringen, abbrechen.

* Wer Geduld zeigt, gesteht sich und den anderen einen eigenen Rhythmus im Prozeß des Reifens zu.

* Wer ungeduldig ist, befindet sich sehr oft in der verkrampften Situation, möglichst viel, möglichst schnell etwas leisten zu müssen. Der Geduldige vertraut auf die Möglichkeit, daß sich manches auch ohne seine aktive Beteiligung – »von alleine« – löst. Er weiß, daß auch Dinge und Entscheidungen reifen müssen.

* Geduld ist die Kraft, aus der wir Menschen beharrlich an etwas festhalten können. »Besäße der Mensch mehr Beharrlichkeit, nichts wäre ihm unmöglich.«
(Chinesisches Sprichwort)

»Der Mann, der nicht warten konnte«

Menschen brauchen Zeit, um wachsen und heranreifen zu können. Immer wieder spüren wir jene gefährliche Versuchung, bei diesem uns langwierig erscheinenden Prozeß »etwas nachhelfen« zu müssen, ihn zu beschleunigen, zu manipulieren.

Eine Geschichte aus China erzählt: Ein Mann hatte seinen Acker gepflügt und gesät. Nach ein paar Wochen wunderte er sich aber, daß die Saat so langsam aufging. Bei seinem Nachbarn sah er schon kräftigen grünen Wuchs!
Von Tag zu Tag wurde seine Geduld geringer. Er konnte vor Sorgen nicht mehr schlafen. Schließlich hatte er eine wahnwitzige Idee. Er lief zu seinem Feld und begann, die kleinen zarten Halme etwas in die Höhe zu ziehen. Das war natürlich eine mühsame Arbeit; aber schließlich war er fertig.
Auf dem Nachhauseweg traf er seinen Nachbarn und erzählte ihm, daß er seinem Korn beim Wachsen geholfen habe. Neugierig geworden, lief dieser zu dem Feld und sah alles zerstört und verwelkt. Und noch lange lachte man im Dorf über den Mann, der nicht warten konnte.

»Beim hundertundeinten Schlag«

Wir sind zutiefst enttäuscht, wenn unsere jahrelangen Bemühungen immer noch keinen Erfolg zeigen, und stehen kurz davor, aufzugeben.

Als Benjamin Franklin einmal gefragt wurde, warum er eine Sache trotz großer Hindernisse nicht aufgebe, gab er einen Ratschlag, den alle beherzigen sollten, die versucht sind zu verzagen, wenn sie für eine gute Sache arbeiten.

»Haben Sie schon einmal einen Steinmetzen bei der Arbeit beobachtet?« fragte er. »Er schlägt vielleicht hundertmal auf die gleiche Stelle, ohne daß auch nur der kleinste Riß sichtbar würde. Aber dann, beim hundertundeinten Schlag, springt der Stein plötzlich entzwei. Es ist jedoch nicht dieser eine Schlag, der den Erfolg bringt, sondern die hundert, die ihm vorhergingen.«

»Macht nichts«

Die Geduldigsten unter uns haben meistens den größten Erfolg, vielleicht deshalb, weil sie fest an ihren Erfolg glauben, ohne ständig auf ihn starren und sich ständig seiner Vorboten versichern zu müssen. Es ist der »lange Atem«, der sie den weiten Weg durchhalten läßt.

Als der Meister gefragt wurde, ob es ihn denn nicht entmutige, daß all seine Mühe anscheinend kaum Früchte trug, erzählte er die Geschichte von einer Schnecke, die an einem kalten, stürmischen Tag im späten Frühjahr aufbrach, um den Stamm eines Kirschbaums emporzuklettern. Die Spatzen auf dem Nachbarbaum lachten über ihr Unterfangen. Da flog ein Spatz auf die Schnecke zu und piepste sie an: »He, du Dummkopf, siehst du nicht, daß auf dem Baum keine Kirschen sind?«
Der Winzling ließ sich nicht aufhalten und sagte: »Macht nichts, bis ich oben bin, sind welche dran.«

Ich entscheide mich

Getöse und Getümmel herrscht
im Tal der Entscheidung.
(Die Bibel, Joël 4, 14)

✳ Unser Leben bietet uns vieles an, das wir erst einmal annehmen müssen: unser Leben selbst, unsere Erbanlagen, unsere Eltern, unsere Heimat, unsere Gesellschaft, unsere Zeit ... Leben bedeutet aber auch: wählen können, wählen müssen: meine Ausbildung, meinen Beruf, meine Freunde meine Interessen, Lebensanschauungen, Wertmaßstäbe, Lebensziele ... Wählen heißt: sich entscheiden können, sich entscheiden müssen.

✳ Viele Entscheidungen lassen sich ohne große Konsequenzen eine Weile verschieben. Bei grundsätzlichen Entscheidungen ist dies nicht ungestraft möglich, sonst gleicht unser Leben einem Haus, das kein Fundament besitzt.

✳ In vielen Situationen handeln wir wie der berühmte Esel, der zwischen zwei Heuhaufen verhungert, weil er sich nicht für einen der beiden entscheiden kann, weil er immer meint, der eine sei vielleicht doch noch etwas größer oder schmackhafter. So sitzen auch wir im Leben oft zwischen zwei Stühlen, mit einer Menge Kreuzschmerzen, und bekommen kein Bein auf den Boden.

✳ Vielfach entscheiden wir uns nicht, weil wir Angst haben, wir könnten dabei einen Fehler machen. Wir wollen perfekt sein, wollen uns nicht am Leben die Finger schmutzig machen und bleiben lieber Zuschauer.

✳ In jeder Entscheidung steckt das Wort »scheiden«, das heißt: Abschied nehmen. Und das tut in aller Regel weh.

Nach jedem Abschied kommt aber die Chance eines neuen Anfangs.

* Entscheidungen können rückgängig gemacht und korrigiert werden. Grundsätzlich gilt die Lebensregel der Verantwortlichkeit: Wer A sagt, muß auch B sagen. Sollte sich jedoch herausstellen, daß die Entscheidung A falsch war, sind wir aber nicht gezwungen, auf dieser falschen Entscheidung weiter aufzubauen. Das wäre töricht.

* Manchmal haben wir zwar innerlich eine Entscheidung gefällt oder wir sind sicher, wie unsere Entscheidung ausfallen wird, und dennoch entscheiden wir uns nicht, weil wir Angst vor den Konsequenzen unserer Entscheidung haben. Wir zelebrieren ein Entscheidungsritual, führen die Entscheidung aber nicht aus und handeln nicht.

»Du wolltest beides!«

Wenn wir uns entscheiden, verlieren wir etwas und gewinnen etwas, wir halten etwas fest und lassen etwas los. Wer bei einer Entscheidung nur gewinnen und nichts verlieren will, der verhindert eine Entscheidung und ist am Ende der Verlierer.

Ein Esel, eine Eintagsfliege und eine Schildkröte unterhielten sich leidenschaftlich über das Leben.
»Ja, wenn ich mehr Zeit hätte«, sagte die Eintagsfliege, »dann wäre alles einfacher! Könnt ihr euch vorstellen, was es bedeutet, alles in vierundzwanzig Stunden unterzukriegen? Geboren werden, aufwachsen, erleben, erleiden, glücklich sein, alt werden und sterben? Alles in vierundzwanzig Stunden?«

»Ich gäbe was drum«, sagte der Esel, »wenn ich nur vierundzwanzig Stunden zu leben hätte. In kurzer Zeit alles auskosten, was es gibt. Ich stelle mir das herrlich vor. Kurz, aber richtig!«
»Ich verstehe euch nicht«, warf die Schildkröte ein. »Ich bin nun dreihundert Jahre alt. Die Zeit würde nicht reichen, wollte ich euch erzählen, was ich erlebt habe. Es ist einfach zuviel. Schon vor zweihundert Jahren habe ich mir gewünscht, ans Ende meiner Zeit gekommen zu sein. Ich beneide dich«, sagte sie zu dem Esel, und zur Eintagsfliege: »Mit dir habe ich Mitleid!«
»Wenn ich das so höre«, sagte der Esel, »ich gäbe was drum, wenn ich dreihundert Jahre alt werden könnte. Viel Zeit haben, um das Leben richtig auskosten zu können. Ich stelle mir das herrlich vor. Lange, aber intensiv!«
Da schwiegen die drei sehr traurig, weil jeder das Leben nach der Uhr gemessen hatte und sich nun danach sehnte, das eigene Leben zu verlängern, zu verkürzen oder beides zu versuchen.
Da gingen sie zu dritt zur Spinne, die wegen ihrer Weisheit berühmt war, um sie um Rat zu fragen.
»Schildkröte«, sagte die Spinne, »hör auf zu klagen; denn wer hat schon soviel Erfahrung wie du?« Zur Eintagsfliege sagte sie: »Fliege, hör auf zu klagen; wer hat schon soviel Freude wie du?«
Da meldete sich der Esel und fragte, was sie ihm denn riete.
»Dir rate ich nichts«, erwiderte die Spinne, »denn du wolltest beides. Du bist und bleibst ein Esel!«

»Gleichgültig, was wir machen«

Wir möchten uns immer gut entscheiden. Unter »gut« verstehen wir leider oft nur die Zustimmung der anderen zu unserer Entscheidung. Dies tut uns nicht immer gut. In erster Linie kommt es auf uns an. Stehen wir selbst hinter der Entscheidung, ist sie für uns angemessen und hilfreich? Entscheiden wir uns nach »bestem Wissen und Gewissen«? Können wir Kritik für eine Entscheidung einstecken, die wir für richtig halten und vor uns selbst verantworten können?

Ein Vater zog mit seinem Sohn und einem Esel in der Mittagsglut durch die staubigen Gassen von Keshan. Der Vater saß auf dem Esel, den der Junge führte. »Der arme Junge«, sagte da ein Vorübergehender. »Seine kurzen Beinchen versuchen mit dem Tempo des Esels Schritt zu halten. Wie kann man so faul auf dem Esel herumsitzen, wenn man sieht, daß das kleine Kind sich müde läuft!« Der Vater nahm sich dies zu Herzen und stieg hinter der nächsten Ecke ab und ließ den Jungen aufsitzen.
Gar nicht lange dauerte es, da erhob schon wieder ein Vorübergehender seine Stimme: »So eine Unverschämtheit! Sitzt doch der kleine Bengel wie ein Sultan auf dem Esel, während sein armer, alter Vater nebenherläuft.« Dies schmerzte den Jungen, und er bat den Vater, sich hinter ihn auf den Esel zu setzen.
»Hat man so etwas schon gesehen?« keifte eine schleierverhangene Frau, »solche Tierquälerei! Dem armen Esel hängt der Rücken durch, und der alte und der junge Nichtsnutz ruhen sich auf ihm aus, als wäre er ein Diwan, die arme Kreatur!« Die Gescholtenen schauten sich an und stiegen beide, ohne ein Wort zu sagen, vom Esel herunter.
Kaum waren sie wenige Schritte neben dem Tier hergegangen, machte sich ein Fremder über sie lustig: »So dumm möchte ich nicht sein. Wozu führt ihr denn den Esel spazieren, wenn er nichts leistet, euch keinen Nutzen bringt und noch nicht einmal einen von euch trägt?«
Der Vater schob dem Esel eine Handvoll Stroh ins Maul und legte seine Hand auf die Schulter seines Sohnes. »Gleichgültig, was wir machen«, sagte er, »es findet sich

doch immer jemand, der damit nicht einverstanden ist. Ich glaube, wir müssen selbst wissen, was wir für richtig halten.«

»Nun, was sagst du?«

Oft läßt uns eine Entscheidung nur zwei Alternativen: Ja oder nein, dafür oder dagegen, entweder so oder so ... In den meisten Fällen gibt es eine dritte Möglichkeit: Wir müssen nur die Frage anders stellen.

Jesus aber ging zum Ölberg. Am frühen Morgen begab er sich wieder in den Tempel. Alles Volk kam zu ihm. Er setzte sich und lehrte es. Da brachten die Schriftgelehrten und Pharisäer eine Frau, die beim Ehebruch ertappt worden war. Sie stellten sie in die Mitte und sagten zu ihm: Meister, diese Frau wurde beim Ehebruch auf frischer Tat ertappt. Mose hat uns im Gesetz vorgeschrieben, solche Frauen zu steinigen. Nun, was sagst du? Mit dieser Frage wollten sie ihn auf die Probe stellen, um einen Grund zu haben, ihn zu verklagen. Jesus aber bückte sich und schrieb mit dem Finger auf die Erde. Als sie hartnäckig weiterfragten, richtete er sich auf und sagte zu ihnen: Wer von euch ohne Sünde ist, werfe als erster einen Stein auf sie. Und er bückte sich wieder und schrieb auf die Erde. Als sie seine Antwort gehört hatten, ging einer nach dem anderen fort, zuerst die Ältesten. Jesus blieb allein zurück mit der Frau, die noch in der Mitte stand. Er richtete sich auf und sagte zu ihr: Frau, wo sind sie geblieben? Hat dich keiner verurteilt? Sie antwortete: Keiner, Herr. Da sagte Jesus zu ihr: Auch ich verurteile dich nicht. Geh hin und sündige von jetzt an nicht mehr!

Ich handle

Es gibt nichts Gutes,
es sei denn, man tut es.
(Erhart Kästner)

✳ Wenn wir uns fest für etwas entschieden haben, dann bedeutet das noch lange nicht, daß wir auch handeln. Das Handeln führt unsere Entscheidung zum Ziel, es führt sie aus, läßt die Entscheidung leben und erleben.

✳ Warum hat uns die Natur nur mit einem Mund, aber mit zwei Händen ausgestattet? Etwa ein erster Hinweis darauf, daß unser Handeln Vorrang vor unserem Sprechen hat?

✳ Ohne unsere Hände machen Worte allein nicht satt, ohne unsere Hände können wir keinen Dürstenden stillen, keinen Nackten bekleiden, keinen Fremden umarmen, keinen Gefangenen befreien.

✳ Menschen, die alles nur immer wieder zerreden, wollen das Handeln verhindern. Sie zerkrümeln das Brot, anstatt es dem Hungernden in die Hand zu legen.

✳ Die ersten Christen konnten durch ihre tatkräftige Liebe die Aufmerksamkeit der römischen Bürger erlangen. Diese wunderten sich über die Christen und sagten zueinander: »Seht, wie sie einander lieben!« Nur das Handeln kann gewährleisten, daß unsere Worte ihre Gültigkeit und Aktualität behalten und nicht in die »Ablage« geraten.

✳ Wie viele Menschen gibt es doch, von denen man sagen kann: Sie sind das, was sie tun, und sie tun das, was sie sind.

✳ Wenn man all unsere Worte mit einem großen Baum vergleichen will, so ist unser Handeln die Kraft, die dem Baum zu seinen Früchten verhilft.

»Gehe hin und tue!«

Es gibt für uns häufig Situationen, in denen wir darüber nachdenken, diskutieren, Ratschläge einholen oder verteilen, wie etwas oder was zu tun sei – aber wir handeln nicht. Wir haben gute Vorstellungen, verhalten uns aber nicht gut. Wir schauen besorgt zu, packen aber nicht entschieden an.

Ein Gesetzeslehrer stellte Jesus damals eine Frage: Und wer ist mein Nächster?
Darauf antwortete ihm Jesus: Ein Mann ging von Jerusalem nach Jericho hinab und wurde von Räubern überfallen. Sie plünderten ihn aus und schlugen ihn nieder; dann gingen sie weg und ließen ihn halbtot liegen. Zufällig kam ein Priester denselben Weg herab; er sah ihn und ging weiter. Auch ein Levit kam zu der Stelle; er sah ihn und ging weiter. Dann kam ein Mann aus Samarien, der auf der Reise war. Als er ihn sah, hatte er Mitleid, ging zu ihm hin, goß Öl und Wein auf seine Wunden und verband sie. Dann hob er ihn auf sein Reittier, brachte ihn zu einer Herberge und sorgte für ihn. Am andern Morgen holte er zwei Denare hervor, gab sie dem Wirt und sagte: Sorge für ihn, und wenn du mehr für ihn brauchst, werde ich es dir bezahlen, wenn ich wiederkomme.
Was meinst du: Wer von diesen dreien hat sich als der Nächste dessen erwiesen, der von den Räubern überfallen wurde? Der Gesetzeslehrer antwortete: Der, der barmherzig an ihm gehandelt hat. Da sagte Jesus zu ihm: Dann geh und handle genauso!

»Die Luft mit Worten angefüllt«

Nein, wir reden nicht nur, wir tun auch eine ganze Menge. Manchmal tun wir sogar zuviel, aber nicht die Menge unserer Taten zählt, sondern der Sinn und das Ziel.

Drei Brüder, so erzählt eine ägyptische Mönchsgeschichte, kamen zu ihrem Abt und erzählten von ihren Werken. Der erste hatte das Alte und das Neue Testament auswendig gelernt. Der Abt antwortete ihm: »Du hast die Luft mit Worten angefüllt!« Der zweite hatte die Bibel abgeschrieben. Der Abt: »Du hast die Welt mit Papier vollgemacht.« Der dritte sagte, er habe so gefastet, daß auf seinem Herd Gras wachse. Der Abt antwortete: »Du hast die Gastfreundschaft vernachlässigt.«

»Immer das gleiche?«

An schönen Worten können wir uns manchmal so »betrinken«, daß es zu einer Lähmung kommt.

Am ersten Sonntag nach seiner Einführung hielt der neue Pastor eine zündende Predigt, von der alle begeistert waren. Am Sonntag darauf waren die Leute schon sehr gespannt – aber der Pastor hielt genau die gleiche Predigt wie am Sonntag vorher. Ebenso am dritten, vierten und fünften Sonntag. Schließlich platzte einem Zuhörer der Kragen: »Warum predigen Sie immer das gleiche?«
Die Antwort lautete: »Warum lebt ihr noch genauso wie vor sechs Wochen? Wenn ihr das in die Tat umsetzt, was ich bisher gesagt habe, dann sage ich euch etwas Neues.«

Ich mäßige mich

Wenn die Seele hungert,
kann man sie nicht mit Wohlstand füttern.
(Sprichwort)

✳ Alles im Leben hat sein eigenes Maß, das ihm zusteht, das ihm bekommt. Ein Zuviel oder ein Zuwenig bringt die Dinge und Verhältnisse ins Ungleichgewicht, in Unordnung.

✳ Das »rechte Maß« wird nach oben und unten durch kritische Punkte, durch »Grenzwerte« festgelegt. Werden sie unterlaufen oder überschritten, hat dies negative Folgen. Nicht immer sind diese kritischen Punkte gleich zu erkennen, nicht immer erscheinen sie uns als Schmerzgrenze. Oft merken wir eine Überschreitung erst dann, wenn es beinahe oder schon zu spät ist.

✳ Wenn das rechte Maß in aller Regel »in der Mitte« von Gegensätzen zu finden ist, so ist diese Mitte keine starre mathematische Größe, sondern muß jeden Tag neu gefunden werden. Dies ist eine schwere Aufgabe und erfordert Lebenserfahrung und Klugheit. »Gott gebe mir die Gelassenheit, Dinge hinzunehmen, die ich nicht ändern kann, gebe mir den Mut, Dinge zu ändern, die ich ändern kann, und gebe mir die Weisheit, das eine von dem anderen (täglich) zu unterscheiden!«
(Christoph Friedrich Oetinger)

✳ Der maß-lose Mensch gerät in einen Rhythmus, den er nicht mehr steuern kann, der seine eigene Dynamik entwickelt. Ihm wird sehr bald ein unmenschliches, fremdes Maß, ein Joch auferlegt, was ihn unfrei werden läßt. Ein alter asiatischer Spruch gilt nicht nur für den Alkoholabhängigen, sondern für jeden Maßlosen und Abhängigen: »Zuerst nimmt der Mann einen Schluck, dann nimmt der Schluck einen Schluck, am Ende nimmt der Schluck den Mann.«

* Oft messen wir mit »zweierlei Maß«, wenn wir nur uns und unseren eigenen Vorteil vor Augen haben.

»Mehr braucht er jetzt nicht mehr«

Es gibt Dinge in unserem Leben, die sich schneller entwickeln, als es uns gut tut, als es für uns ange»messen« ist. Manche Entwicklung gleicht einem Zug, der keine Haltestation mehr kennt, von dem man nur noch abspringen kann, will man nicht in den Abgrund stürzen.

Einem armen Bauern, der kaum das Nötigste zum Leben hat, wird eines Tages ein unerwartetes Glück zuteil. Ein reicher Grundbesitzer erlaubt ihm, so viel Land als sein Eigentum zu erwerben, wie er in der Zeitspanne zwischen Sonnenaufgang und -untergang zu Fuß umschreiten kann. Die einzige Bedingung: Er muß, wenn die Sonne untergeht, genau wieder an dem Punkt angekommen sein, an dem er morgens aufgebrochen ist.
Zunächst ist der arme Bauer überglücklich, weil er bei weitem nicht den ganzen Tag brauchen wird, um so viel Land zu umwandern, wie er zu einem reichlichen Lebensunterhalt braucht. So geht er frohen Mutes los, ohne Hast, mit ruhigem Schritt. Doch dann kommt ihm der Gedanke, diese einmalige Chance auf jeden Fall auszunützen und so viel Boden wie nur eben möglich zu gewinnen. Er malt sich aus, was er alles mit dem neugewonnenen Reichtum anfangen kann, wozu er ihn verwenden will. Sein Schritt wird schneller, und er orientiert sich am Stand der Sonne, um nur ja nicht den Zeitpunkt zur Rückkehr zu verpassen.

Er geht in einem großen Kreis weiter, um noch mehr Land zu erhalten. Dort will er noch einen Teich hinzubekommen, hier eine besonders saftige Wiese und da wiederum ein kleines Wäldchen. Sein Schritt wird hastig, sein Atem wird zum Keuchen, der Schweiß des Laufens und der Schweiß der Angst treten ihm auf die Stirn. Endlich, mit letzter Kraft, ist er am Ziel angekommen: Mit dem letzten Strahl der untergehenden Sonne erreicht er den Ausgangspunkt, ein riesiges Stück Land gehört ihm – doch da bricht er vor Erschöpfung zusammen und stirbt; sein Herz war der Belastung nicht gewachsen. Es bleibt ihm jenes winzige Stück Erde, in dem er beerdigt wird; mehr braucht er jetzt nicht mehr.

»Zwei Bettstellen, eine lange und eine kurze«

Wir selbst sind nicht das »Maß aller Dinge«. An manche Mitmenschen legen wir ein zu enges Maß an, wir zwängen sie in starre Schablonen, die keine Entfaltung zulassen. An andere hingegen haben wir Erwartungen, die sie »nie und nimmer« erfüllen können.

Bevor Theseus die Stadt Athen betreten konnte, hatte er ein letztes Abenteuer zu bestehen. Vor den Toren hauste ein fürchterlicher Riese, den man wegen seines rohen Handwerks nur Prokrustes, den Gliederausrenker, nannte. Dieser Unhold ließ seine Riesenkraft in besonders grausamer Weise an den Reisenden aus. Er besaß zwei Bettstellen, eine lange und eine sehr kurze. Wer nun in seine Gewalt kam, den lud er in sein Haus ein und bewirtete ihn mit heuchlerischer Freundlichkeit. Kam dann die Zeit der Nachtruhe, führte er den Gast in eine seiner beiden Schlafkammern.

War der Gast von hohem Körperwuchs, so zeigte er ihm das kurze Bett. »Leider ist die Lagerstatt für dich zu klein, lieber Gast«, sagte er mit Hohn in der Stimme, »aber ich werde schnell Abhilfe schaffen.« Und er hieb dem Unglücklichen die Beine ab, so weit sie über das Bett hinausragten. Die Kurzgewachsenen aber führte Prokrustes vor das große Bett und heuchelte nun ebenfalls Bedauern, daß das Bett nicht die rechte Größe habe. »Aber ich werde es dir anpassen«, erklärte er höhnisch und reckte dem Wehrlosen die Glieder so sehr in die Länge, daß dieser den Geist aufgab.
Bei Theseus kam der Unhold an den Rechten. Als dieser auch an ihm seine Grausamkeit üben wollte, vertauschte der Held die Rollen. Er packte den Riesen und paßte seine Körperlänge gewaltsam dem kleineren Bett an, so daß Prokrustes elend umkam. Schnell wurden diese Taten bekannt. Die Bewohner des Landes segneten den Weg ihres Wohltäters, wo immer er vorüberzog.

»Nicht das ganze Futter geben«

Wie oft verlieren wir das rechte Augenmaß, reagieren wir zu ängstlich, zu zaghaft oder – umgekehrt – überschlagen wir uns, meinen es »zu gut«!

Der Mullah, ein Prediger, kam in einen Saal, um zu sprechen. Der Saal war leer, bis auf einen jungen Stallmeister, der in der ersten Reihe saß. Der Mullah überlegte sich: »Soll ich sprechen oder es lieber bleiben lassen?« Schließlich fragte er den Stallmeister: »Es ist niemand außer dir da, soll ich deiner Meinung nach sprechen oder nicht?« Der Stallmeister antwortete: »Herr, ich bin ein einfacher Mann, davon verstehe ich nichts. Aber wenn ich in einen Stall komme und sehe, daß alle Pferde weggelaufen sind und

nur ein einziges dageblieben ist, werde ich es trotzdem füttern.«
Der Mullah nahm sich das zu Herzen und begann seine Predigt. Er sprach über zwei Stunden lang. Danach fühlte er sich sehr erleichtert und glücklich und wollte durch den Zuhörer bestätigt wissen, wie gut seine Rede war. Er fragte: »Wie hat dir meine Predigt gefallen?« Der Stallmeister antwortete: »Ich habe bereits gesagt, daß ich ein einfacher Mann bin und von so etwas nicht viel verstehe. Aber wenn ich in einen Stall komme und sehe, daß alle Pferde außer einem weggelaufen sind, werde ich es trotzdem füttern. Ich würde ihm aber nicht das ganze Futter geben, das für alle Pferde gedacht war.«

Ich lebe heute

Wer den Augenblick beherrscht,
beherrscht das Leben.
(Marie von Ebner-Eschenbach)

✳ Viele Menschen beschäftigen sich nur noch mit dem »Schnee von gestern«, grübeln über das nach, was sie alles hätten tun können, tun sollen, machen sich viele Gedanken über das, was nicht gut war, was nicht so war, wie man es sich gewünscht hatte. Sie fragen sich immer wieder, wie alles hätte anders laufen können, wer wann woran schuld war ... Das Gestern macht sich so breit, daß das Heute keinen Platz hat.

✳ Umgekehrt gibt es viele Menschen, die einen Großteil ihrer Lebensenergie an das Morgen verschwenden, ständig mit der Frage beschäftigt sind, wie sie am besten gegen alles mögliche Vorsorge treffen können, sich vor lauter Angst vor dem, was kommen mag, nichts mehr zutrauen.

✳ Das Leben aber spielt sich in der Gegenwart ab, im Heute. Oft entscheiden wir uns bei der Frage »Willst du heute den Sperling in der Hand oder morgen die Taube auf dem Dach?« für letzteres. Morgen, morgen ... das Leben geht an uns vorbei, ungelebt, ungeliebt. Am Ende steht das Gefühl, sich selbst und dem Leben etwas schuldig geblieben zu sein.

✳ Die kleinen Dinge, die ich heute tue, sind viel bedeutender als die großen Dinge, die ich morgen tun möchte.

✳ Viele Menschen stehen manchmal vor einer riesigen Aufgabe. Wenn zum Beispiel ein Alkoholkranker sein ganzes Leben lang keinen Tropfen Alkohol mehr trinken darf, um nicht wieder rückfällig zu werden, so fühlt er sich von einer solchen Vorstellung wie erschlagen, es kann ihn mutlos, hoffnungslos und kraftlos machen. Besser ist für ihn die Einsicht: »Nur heute mußt du abstinent leben!« Und immer wieder »nur heute!« Für das Heute reicht die Kraft aus.

✳ Das Gebet »Vater unser« weiß um die Notwendigkeit, die das Heute für uns hat. Dort heißt es nicht: »Unser tägliches Brot gib uns morgen«, sondern »gib uns heute!«

»Es wird uns nichts mehr fehlen«

»Wenn ich erwachsen bin, dann ...; wenn ich Urlaub habe, dann ...; wenn ich erst einmal in Pension bin, dann ...« Wenn wir so leben, werden wir eines Tages sehr unsanft aus unseren Träumen gestoßen werden.

Eine arme Frau fand ein Ei. Da rief sie ihre Kinder und sagte zu ihnen: »Kinder! Von nun an brauchen wir uns nicht mehr zu sorgen. Es wird uns nichts mehr fehlen. Seht, ich habe ein Ei gefunden. Aber wisset, wir werden es nicht essen, sondern wir werden den Nachbarn bitten, daß er das Ei unter seine Henne legen soll, damit aus dem Ei eine Henne hervorkommt. Auch die Henne werden wir nicht essen, sondern wir werden sie auf Eier setzen, und von den Eiern werden neue Hennen hervorkommen, und die Hennen werden wieder Eier legen, und wir werden viele Eier und viele Hennen haben. Wir werden aber weder die Eier noch die Hennen essen, sondern wir werden sie verkaufen und ein Kalb kaufen. Auch das Kalb werden wir nicht essen, sondern wir werden es großziehen, bis aus ihm eine Kuh wird. Aus der Kuh werden Kälber geboren werden,

und wir werden eine ganze Herde haben. Wir werden die Herde verkaufen und ein Feld kaufen, wir werden verkaufen und kaufen ...«
Während die arme Frau so schwätzte, fiel das Ei aus ihrer Hand und zerbrach.

»Leider reicht der Platz noch nicht«

Viele Dinge lassen sich heute und nur heute erledigen; morgen sind sie vielleicht schon wertlos.

Eine alte Mutter erhielt 1983 kurz vor Weihnachten folgenden Brief von ihrem Sohn: »Liebe Mutter, eigentlich solltest Du Weihnachten bei uns verbringen, aber wir sind mit dem Bau unseres neuen Hauses nicht so gut vorangekommen, wie wir uns das gedacht haben. Es ist bisher alles sehr unfertig und beengt. Leider reicht der Platz noch nicht, um Dich hier unterzubringen. doch im nächsten Jahr geht es bestimmt. Wir wünschen Dir ein frohes Weihnachtsfest.«
Im nächsten Jahr schrieb der Sohn folgendes: »Liebe Mutter, leider müssen wir dieses Jahr für die Weihnachtstage absagen. Wir müssen nämlich einen ausländischen Geschäftsfreund mit seiner großen Familie einladen. Da ist das Haus voll. Aber Du hast gewiß Verständnis dafür. Du weißt ja, wie schwer es Ausländer in Deutschland haben, besonders bei großen Festen. Wir möchten Dich herzlich für Weihnachten grüßen.«
Im Jahr 1985 stand im Brief des Sohnes: »Liebe Mutter, uns scheint das Pech zu verfolgen! Ganz unerwartet ist unsere Heizung ausgefallen. Wir wissen leider noch nicht genau, wann sie repariert werden wird. Es ist klar, daß wir Dir nicht zumuten können, mit uns in der Kälte auszuhalten. Du würdest bestimmt ganz krank werden. So können wir Dir

nur per Post fröhliche Weihnachtstage wünschen. Bis bald!« 1986 schrieb der Sohn: »Liebe Mutter, zum ersten Mal kann ich Weihnachten nicht zu Hause feiern. Da ich mich total überarbeitet habe, hat mir der Arzt eine Winterkur verordnet. Ich fahre in den nächsten Tagen. So werden wir uns Weihnachten nicht sehen können. Ich finde das sehr schade, aber es ist nun mal nicht zu ändern. Dir alles Gute und herzliche Weihnachtsgrüße!«
Was mag wohl im Jahr 1987, 1988, 1989, 1990 ... im Brief des Sohnes stehen?

»Ein Nächstes vorbereitet«

Zu einem guten und erfüllten Leben gehört auch, den Augenblick genießen zu können.

Es lebte einmal ein sehr tätiger Mann, der es nicht übers Herz bringen konnte, auch nur eine Minute seines Lebens ungenützt zu lassen.
Wenn er in der Stadt war, so plante er, in welchen Badeort er reisen werde. War er im Badeort, so beschloß er einen Ausflug nach Marienruh, wo man die berühmte Aussicht hat. Saß er dann auf Marienruh, so nahm er den Fahrplan her, um nachzusehen, wie man am schnellsten wieder zurückfahren könne. Wenn er im Gasthof einen Hammelbraten verzehrte, studierte er während des Essens die Karte, um zu sehen, was er zum Nachtisch nehmen könnte. Und während er den langsamen Wein des Gottes Dionysos hastig hinuntergoß, dachte er, daß bei dieser Hitze ein Glas Bier wohl besser gewesen wäre.
So hatte er niemals etwas getan, sondern immer nur ein Nächstes vorbereitet. Und als er auf dem Sterbebett lag, wunderte er sich sehr, wie leer und zwecklos doch eigentlich dieses Leben gewesen war.

Quellenhinweise

»Ein orientalischer Kaufmann ...« (S. 14); »Schlaf doch bitte ...« (S. 15); »Ein älteres Ehepaar ...« (S. 17); »Eine schwere Krankheit ...« (S. 27); »Ein orientalischer König ...« (S. 36); »Eine Taube wechselte ...« (S. 50); »Ein Vater zog ...« (S. 65); »Der Mullah ...« (S. 73) aus: Nossrat Peseschkian, »Der Kaufmann und der Papagei«, © Fischer Taschenbuch Verlag GmbH, Frankfurt am Main 1979.

»Viele Jahre ...« (S. 28) aus: Tilman Röhrig, »Der angebundene Traum«, Arena Verlag, Würzburg 1982 (Rechte beim Autor).

»Es waren sieben Geißlein ...« (S. 30) aus: Franz Fühmann, »Gedichte und Nachdichtungen«, Hinstorff Verlag, Rostock 1978.

»Rabbi Schlomo ...« (S. 33) aus: Martin Buber, »Die Erzählungen der Chassidim«, Manesse Verlag, Zürich 1949.

»Eine indische Geschichte ...« (S. 37) aus: »Der Prediger und Katechet« 4, 1983, Erich Wewel Verlag, München.

»Vier Mönche beschlossen ...« (S. 41); »Eine fünfköpfige Familie ...« (S. 53) aus: Anthony de Mello, »Warum der Schäfer jedes Wetter liebt«, Verlag Herder, Freiburg, 9. Auflage 1995.

»Zwei Schmuckhändler ...« (S. 56); »Der Lehrer saß ...« (S. 58); »Als der Meister ...« (S. 61) aus: Anthony de Mello, »Zeiten des Glücks«, Verlag Herder, Freiburg, 2. Auflage 1995.

»Am ersten Sonntag ...« (S. 69) aus: H. F. Kaeffer, »Aktion und Feier der Buße«, Verlag Herder, Freiburg 1981.

»Khing, der Meisterschnitzer ...« (S. 41) aus: Thomas Merton (Hrsg.), »Sinfonie für einen Seevogel und andere Texte des Tschang-tse«, Patmos Verlag, Düsseldorf, 3. Auflage 1991.

»Als Benjamin Franklin ...« (S. 60) aus: J. Keller, »Etwas für heute«, Paul Pattloch Verlag Aschaffenburg 1954.

»Ein Esel ...« (S. 63) aus: P. Spangenberg, »Szenische Gottesdienste«, Gütersloher Verlagshaus Gerd Mohn, Gütersloh 1975 (Rechte beim Autor).

»Eine alte Mutter ...« (S. 77) aus Kurt Rommel (Hg.), »Familiengottesdienste im Kirchenjahr«, Quell Verlag, Stuttgart 1982 (Rechte beim Autor).

Die biblischen Texte wurden der Einheitsübersetzung der Heiligen Schrift © 1980 Katholische Bibelanstalt, Stuttgart, entnommen.

Kurzbetrachtungen von Otto Betz

Vom Glück des Augenblicks
Den Alltag bewußt erleben.

In einfühlsamen Kurzbetrachtungen zeigt Otto Betz Zugänge zu den verborgenen Schichten unseres Selbst und der Welt und schafft so – für diejenigen, die soweit mitzugehen bereit sind – zugleich Raum für den ankommenden Gott.
104 Seiten, Broschur. ISBN 3-429-01665-7.

~

Vom Umgang mit der Zeit
Ein Gradmesser unserer Lebenskunst.

Otto Betz geht der Frage nach, was denn Zeit, „dieses sonderbare Ding", eigentlich ist, wie wir sie erleben und wie wir in rechter Weise mit ihr umgehen können.
128 Seiten, Broschur. ISBN 3-429-01718-1.